LE GÉNIE

DE L'ORIENT.

LE GÉNIE
DE L'ORIENT,

COMMENTÉ PAR SES MONUMENTS MONÉTAIRES.

ÉTUDES HISTORIQUES, NUMISMATIQUES, POLITIQUES ET CRITIQUES, SUR LE CABINET MUSULMAN DE M. IGNACE PIETRASZEWSKI (CONTENANT 2683 MÉDAILLES), ACCOMPAGNÉES DE PLUSIEURS PLANCHES;

PAR

L.-L. SAWASZKIEWICZ.

Bruxelles,

LIBRAIRIE ANCIENNE ET MODERNE

DE A. VAN DALE,

30, RUE DES CARRIÈRES (CANTERSTEEN).

1846.

INTRODUCTION.

LETTRE A M. JOACHIM LELEWEL.

> Campestres melius Scythæ,
> Quorum plaustra vagas rite trahunt domos,
> Vivunt, et rigidæ Gethæ.
>
> HORATIUS.

𝕮𝖍𝖊𝖗 𝖊𝖙 𝖛𝖊́𝖓𝖊́𝖗𝖆𝖇𝖑𝖊 𝕬𝖒𝖎,

C'est avec un attendrissement indéfinissable que je me rappelle ces beaux jours, où vos leçons sur l'histoire universelle, applaudies avec ferveur par la jeunesse de l'université et le public de Vilna, faisaient retentir toute la Pologne de votre nom. Combien le monde entier et notre chère patrie ont subi de changements depuis lors! Cependant, dans toutes les vicissitudes, où le torrent des événements et les destins vous ont entraîné, je vous vois toujours le même : professeur, bibliothécaire, député, ministre, membre du gouvernement national, proscrit, et pourchassé d'un pays à l'autre, vous n'avez jamais cessé de travailler à la culture de la même science avec le calme et avec le zèle infatigable, qui vous caractérisent. Permettez-moi donc de publier, sous vos auspices, ce petit essai historique et numismatique, fruit de mes méditations et de mes recherches : je vous le présente comme une marque de mon admiration et un faible gage de ma reconnaissance : car je fus un de vos jeunes auditeurs jadis, et vous savez que depuis ce temps-là, l'étude de l'histoire fait les délices de ma vie et ne manque jamais de me porter l'unique, la plus infaillible et la plus douce consolation, même au milieu des horreurs de l'exil, que je suis fier de supporter avec vous, et avec des milliers de mes frères d'armes.

En essayant de signaler les nouvelles découvertes faites en Orient par le savant Ignace Pietraszewski, les phénomènes de la numismatique orientale, koufique ou musulmane proprement dite (¹), il me

---

(¹) On appelle communément koufiques, toutes les médailles du temps du khalif Abdul-Melik et de ses successeurs, depuis

semble que, pour répondre dignement à ma tâche, je ne puis pas me borner à l'énumération des médailles inconnues ; et j'aime à croire que personne ne m'accusera d'avoir dévié trop de mon sujet, en cherchant à faire ressortir préalablement toute la portée de son importance. L'antiquaire et le sévère numismate trouveront ici une quantité de pièces nouvelles et éminemment curieuses, qui n'existent dans aucun musée de l'Europe, et qui tantôt corrigent la chronologie, tantôt jettent une nouvelle lumière sur l'histoire : ils trouveront quelques nouvelles hypothèses, dont je laisse l'appréciation et les découvertes ultérieures aux hommes spéciaux plus experts que moi dans cette science. Mais s'ils me savent mauvais gré d'avoir entremêlé autre chose

---

l'an 64 de l'Hégire (684 de l'ère vulgaire), frappées à Koufa, quoique ce ne fût pas la seule place où l'on battit monnaie, même sous leur règne. Ce fut le khalif Aly qui transporta le siége de l'empire de Médine à Koufa, ville de Mésopotamie, qui pour les lettres était anciennement l'Athènes, la Bologne et la Padoue de l'Orient. Même après que les Mongols eurent renversé la puissance des khalifs, alors que sur leurs ruines les gouverneurs des provinces se furent déclarés sultans indépendants, les orientalistes continuent à employer la dénomination de koufiques. C'est un certain abus, parce que ces médailles n'étaient pas forgées à Koufa, et que souvent elles ne portent pas sur le type des lettres koufiques. On compte environ deux cents places en Asie, en Afrique, en Sicile et en Espagne où l'on frappait les monnaies musulmanes.

dans mes études, et surtout la politique et la morale, alors j'en appellerai à des gens d'un goût différent. La numismatique étant une branche distinguée, une source abondante de l'histoire (et l'histoire sans la politique et la morale devient un corps sans âme), doit concourir avec elle au même but. En contemplant avec un intérêt tout particulier, ces coins jusqu'à présent inconnus, ces nouveaux, ces impartiaux et, pour ainsi dire, témoins oculaires du passé, j'ai été plus d'une fois ravi en extase, transporté malgré moi dans les siècles lointains, dans le domaine de l'histoire et de la politique ancienne et moderne; et je ne puis pas m'empêcher de communiquer à vous et par votre entremise, à mes lecteurs, ces vives impressions. Certes, à la vue de ces petits et intéressants monuments, qui jasent tant, cette impulsion à des méditations sérieuses est une des récompenses de cette science. D'ailleurs, en ambitionnant d'être jugé, non-seulement par les savants orientalistes, mais aussi par les hommes d'État, les politiques, et, par des gens éclairés en général, qui ont à cœur les progrès de la civilisation, je tâcherai de prouver que la stérilité presque proverbiale que l'on attribue à la numismatique, est une calomnie qui effraye et rebute injustement la plus grande portion du public lettré. C'est pourquoi il me sera parfois nécessaire de répéter des choses connues des gens de profession, afin d'être compris par tout le monde. Qu'il me soit donc permis de débuter par un coup d'œil 1° *sur l'intérêt moral et politique, que la connaissance intime de l'Orient doit inspirer à l'Occident;* 2° *j'examinerai combien ses antiques monuments monétaires nous initient à ces mystères, et combien ils contribuent à rendre ces études plus exactes et plus profondes.*

D'où vient que l'Orient possède *ce je ne sais quoi* de magnétique qui attire avec une force irrésistible, occulte et mystérieuse, l'attention de tout homme réfléchi? C'est le paradis terrestre, où on trouve la poussière de la marche des grandes puissances, à peine naissantes, et aussitôt éteintes à jamais, sur les débris desquelles les autres s'amoncellent, s'élèvent et s'engloutissent tour à tour, comme les jeux des vagues de l'Océan. — On y trouve des langues mères, le berceau des différents cultes, de l'industrie, des sciences et des beaux-arts; le premier noyau, l'étincelle la plus noble de l'activité physique et morale du genre humain ; on y aperçoit l'aurore de l'Ancien et du Nouveau Testament qui, depuis plus de dix-sept siècles, exerce tant d'influence sur le sort de l'Europe et d'autres parties du monde. C'est aussi le siége des empires les plus gigantesques (sans parler de l'Inde, du Thibet, du Japon, de la Corée, etc.) : l'un de ces empires fleurit de nos jours et se souvient de son existence de quelques milliers d'années avant la naissance de Jésus-Christ, comme la Chine ; un autre, espèce de colonie, sortie de celui-là deux cents ans avant notre ère, soutient sa renommée pendant deux mille ans, traîne son existence galvanique jusqu'à nos jours, et, par sa chute imminente, menace de renverser de fond en comble la structure subtile de la balance européenne, comme les Huns ou les Turcs d'aujourd'hui. De même, ici un peuple brave et éclairé, ne cédant, quant à l'ancienneté de son origine, à aucun autre, inspiré d'un nouvel élan par un homme extraordinaire (prophète), dans l'étendue de sa domination physique et morale, lutte avec le Christianisme, fait infiniment plus de conquêtes par ses doctrines que par ses armes ; même étant subjugué, il convertit et continue à donner la direction à ses vainqueurs turcs : on voit bien que je parle des Arabes. Enfin, ici se trouve une foule de peuplades dans l'état presque de nature, élément unique, toujours prêt à l'action, vivace et entreprenant ; à chaque idée grande, conçue dans son esprit, soumis et obéissant, comme une gigantesque machine ; — des peuplades sous tous les rapports si différentes des nations européennes, et formant ensemble, depuis un temps immémorial, avec l'Europe, une espèce de laboratoire immense d'antagonisme.

Ces puissants moteurs de notre attraction vers l'Orient ne sont que les moyens de parvenir à un but plus distant et très élevé. Tâchons de l'éclaircir et de le faire voir dans la solution du problème historique et philosophique, que voici :

D'où vient que depuis le IVe siècle de l'ère chrétienne, notre terre, pendant une série de siècles, fut en proie à des migrations continuelles, que les tourbillons des peuples, les ouragans des masses de langues et de mœurs si opposées, s'entrechoquent avec tant d'acharnement? D'où vient que les Huns sortent de la Tartarie chinoise, s'établissent sur les bords du Danube, et de là, sous Attila, envahissent la Gaule et l'Italie ; — que les Hérules et les Goths s'emparent de l'empire romain ; — que les Vandales, des bords de la mer Baltique, font des conquêtes en Espagne et en Afrique ; — que les Bourguignons occupent une partie de la Gaule, et les Francs une autre ; — que les peuplades des îles britanniques sont envahies tour à tour par les Saxons, les Danois et les Normands ; — que les Maures subjuguent ou chassent les Visigoths, vainqueurs de l'Espagne, tandis que les autres Arabes étendent leurs conquêtes en Perse, en Asie-Mineure, en Syrie et en Égypte ; — et qu'une autre branche de Huns, venue de l'est de la mer Caspienne, partage la domination des Arabes ; — que les Varegues et puis les Mongols subjuguent les peuples du Volga et du Tanaïs, et que ceux de la Vistule et de Warta éprouvent les incursions des Gaulois (les Boïens, les Bastarnes, etc.), des Germains (les Ostrogoths et les Avares), et des hordes de l'Orient; — qu'enfin les Croisés de l'Europe, pendant deux siècles consécutifs, inondent la Syrie d'une multitude bien plus grande, que tous les barbares ensemble, en même temps que le Tatar Genguis-Khan fait fléchir sous son bras athlétique la Haute-Asie ([1])? D'où vient cette saison rigoureuse, pendant des siècles, dont le seul souvenir nous fait frissonner? C'est cependant le jubilé des grands mariages des peuples entre eux; la lutte entre les éléments mâles et femelles; les transes et les douleurs de l'enfantement des grands événements pour l'humanité! C'est la révolution sociale sur la plus grande échelle, brisant l'aristocratie des nations, et s'efforçant d'établir une sorte d'égalité parmi les grandes familles nationales....

[1] « Si, pendant les croisades, dit Herder, Genguis-Khan s'était tourné vers l'Occident, les Mongols devenaient maîtres de toute l'Europe. » (Voyez *Geschichte der Menschenheit*, t. III, liv. XX, chap. III.) Les suppositions de la même nature abondent trop chez nos historiens modernes, aux dépens de la vérité : parfois ils lâchent sans gêne la bride à leur imagination pour captiver l'esprit du siècle. L'histoire ne doit qu'expliquer le caractère et l'esprit des faits accomplis.

Cette révolution est entreprise, exécutée et réitérée de temps en temps, toujours par des nations vierges, auxquelles la jalousie, l'ignorance et la mollesse de leurs antagonistes donnent le nom de barbares...

Vers la décadence de l'empire romain, en promenant ses regards sur les événements, d'une élévation dominante, l'historien aperçoit après tant de triomphes, tant d'entreprises herculéennes dans une partie du monde, une satiété croupissante, l'affaissement, l'ignoble désir du repos de la civilisation matérielle, l'effémination et la corruption sans frein; tandis qu'en même temps, comme à un signal donné, il voit l'inquiétude spontanée et instinctive des essaims de peuples de prolétaires au nord de l'Europe, qui commencent à fourmiller et bouillonner sans s'en rendre compte et se porter vers le Midi : — il entend surtout de loin les cris pleins d'allégresse et d'enthousiasme pour le mouvement, des hordes de l'Orient (humani generis officina), par une impulsion surnaturelle poussés de leurs foyers, inondant l'Occident, semblables aux flots débordés du Nil, qui engraisse et fertilise l'Égypte de son limon, renouvelant la vigueur assoupie et la séve de la vie active en Europe ! Ainsi que des familles patriciennes, qui ne cherchent de parentés que parmi leurs égaux, peu à peu dans le luxe et la corruption s'épuisent et s'éteignent, à moins qu'elles ne se retrempent dans la fontaine de la force populaire, les aristocraties de nations plus civilisées sont dans le cas analogue; elles doivent s'effacer un jour de la scène du monde, ou bien continuer leur mission par une espèce de mariage et de fusion avec les peuples rapprochés de la nature. C'est de ce point de vue que l'on saisit l'ordre parfait dans les actions de toute l'humanité. Je ne vois donc dans les mouvements simultanés et harmoniques des races, et dans les bouleversements des empires, qu'un des concerts de la nature, la destinée ou les lois éternelles de l'univers, infiniment supérieurs à tous nos calculs, et enfin les bienfaits incalculables de ces lois (¹). Cette vérité essentielle,

---

(¹) Il est constaté que la ruine de l'empire romain en Occident et en Orient fut un grand bienfait pour l'humanité. Ne parlant pas de l'anarchie de l'empire occidental, le Bas-Empire le surpassait dans l'aveuglement et l'avilissement du gouvernement, dans l'oppression et les tributs excessifs. Anastase, par exemple, en imagina un pour respirer l'air, — « Ut quisque pro haustu aëris penderet. » Le monde au désespoir attendait sa délivrance : elle lui est venue de l'Asie, portée par des pâtres, par de rudes paysans, qui commencent à guerroyer. Le nouveau joug et le changement de maître, quoique « barbare et idolâtre, » fut, en comparaison avec l'état actuel, le bonheur pour les chrétiens. Qu'on n'imagine pas que j'avance une opinion trop hasardée : je la partage, en quelque sorte, avec Gibbon et Montesquieu. (Voyez *The History of the decline and fall of the Roman Empire.* Basil and Paris, 1787, et principalement tom. VI, pag. 521-534 :

— 11 —

je la vois proclamée avec emphase sur les médailles musulmanes : *Il n'y a que Dieu seul!* الا الله لا

Je présume que, du premier coup d'œil, le lecteur m'accusera d'avoir été trop imbu des principes orientaux sur le fatalisme ou la prédestination ; il dira que je veux ôter ainsi la liberté individuelle à l'homme, source intarissable de toutes ses actions, des vertus et des vices, et par conséquent les mérites, les blâmes et les punitions. Il faut que j'explique la nature de mon idée sur ce point. Il ne s'agit pas des actions minimes, dont l'homme paraît être le maître absolu, et qui restent presque sans conséquences : il est question ici des événements majeurs, effectués par l'homme, ou plutôt dont il est l'instrument. En examinant les faits de plus près, nous trouverons, sans contredit, que la volonté soi-disant libre de l'homme dépend et est influencée par les circonstances, que son caractère même, source de sa volonté, est formé par les circonstances, que toutes

---

General Observations on the fall of the Roman Empire in the West; — tom. IX, pag. 311, *Prosperity of Spain under the Arabs*, et sur le Bas-Empire, depuis le septième jusqu'au treizième volume *passim. L'Esprit des Lois*, pag. 58, tom. II, Amsterdam et Leipzig, 1764.) D'après mon opinion, cette matière n'est pas encore épuisée. Cf. les opinions de Machiavelli, Rollin, Bossuet, Voltaire, Rousseau, Fergusson, Joannes Müller, Heeren, Niebuhr, Lelewel, Michaud, Guizot, De Potter, Michelet, etc., sur la même question.

ces causes extérieures (personne ne pouvant les transformer ni les écarter), *entrent avec la volonté et la force de l'homme dans le calcul sommaire de chaque destinée*, même dans les cas inexplicables, que l'ignorance appelle *accident* ou *hasard*.

Il me semble qu'on reproche injustement aux peuples de l'Orient l'idée d'une résignation sans bornes, d'une soumission aveugle à l'ordre immuable et aux arrêts du destin. Au lieu d'y chercher, comme tant d'écrivains, un sujet de blâme, j'essayerai d'en tirer les causes et les conséquences de leur supériorité sur nous, sous différents rapports. J'avoue que l'on ne peut saisir ces notions sans triompher de ses propres penchants les plus chers : mais on ne peut pas pénétrer dans le temple de la vérité historique sans déposer les haillons de nos préjugés au seuil de la porte. *Procul profani!*...

En premier lieu, pourquoi avec cette idée du fatalisme fondèrent-ils nombre de plus vastes empires que les Romains, ruinèrent ou plutôt transformèrent les plus grands États chrétiens en Europe, l'empire d'Occident et d'Orient, sans être jamais conquis eux-mêmes par les chrétiens, dans leurs propres foyers et dans bien des conquêtes? Pourquoi se sont-ils emparés de la Syrie, de la Terre-Sainte, de l'Égypte, de l'Espagne et de la Hongrie? Pourquoi eurent-ils la force d'envahir bien des fois l'Italie, la Pologne, l'Allemagne et la France? Pourquoi comptent-ils tant de grands conquérants, de législateurs, de savants? En général, ces frères de notre espèce ont été les maîtres, disposant de la vie et de la fortune de plusieurs de nos plus proches frères de la chrétienté, dans l'Europe, l'Asie et l'Afrique; et, ne parlant que des Arabes, ceux-ci, devenus les maîtres, furent à la fois les instituteurs vivants de nos ancêtres, se mirent à la tête de la civilisation au milieu de tous les peuples contemporains, lorsque l'Europe se trouvait plongée dans les ténèbres du moyen-âge. Ils étaient donc à la fois, ce qui est rare, le bras, le cœur et la tête de toute l'humanité. C'est à eux et à leurs prosélytes que nous, barbares alors, sommes redevables, pour la science, de la géographie, la géométrie, l'astronomie, la médecine, la dialectique, la métaphysique, la philosophie, l'art de la guerre, etc. ([1]). Respectons la

---

([1]) Les premiers khalifs ordonnent à leurs généraux, pendant les conquêtes, de faire des descriptions géographiques en Asie et en Afrique. (Voyez Sprengel, Malte-Brun, Lelewel.) Les hommes qui se sont distingués en Occident, dans le XIIIe et le XIVe siècles, étaient élevés dans des écoles arabes. Bruckerus en cite plusieurs exemples. (Voyez *Hist. philos.*, tom. VIII, pag. 681. etc.) La traduction d'Aristote fut faite, pour la première fois en Europe, non pas du grec mais de l'arabe. Les guerres des Croisés démontrent visiblement que les troupes des Sarrasins étaient supérieures aux chrétiens : aussi ces derniers

généalogie ou la filiation graduelle de nos lumières modernes, au moins de la sorte que de riches descendants révèrent les premiers fondateurs de leurs familles !

Aussi, pourquoi cette foi dans les arrêts du destin n'empêche-t-elle pas les masses en Orient de s'ébranler comme un homme pour exécuter ces fréquentes révolutions internes, ces changements des souverains et des hiérarchies politiques, de sorte que, malgré la stagnation apparente et illusoire (1), l'ac-

ont appris d'eux la tactique, et depuis ils commencèrent à réfléchir sérieusement sur la formation des troupes régulières. En comparant entre eux les écrivains orientaux et occidentaux de ce temps, on trouve que ces derniers sont inférieurs et peu éclairés. Les écrivains byzantins appellent en général tous les Latins barbares, féroces, sauvages et illettrés. (Voyez *Scrip. Byz.* et *A view of the progress of society in Europe from the subversion of the Roman Empire to the beginning of the sixteenth century, by William Robertson :* c'est l'introduction à l'histoire de Charles-Quint.) L'histoire séparée des lumières, que les Arabes et leurs disciples ont répandues en Occident, serait bien instructive : à mon avis, c'est une dette que l'Europe doit jusqu'à présent à ses anciens instructeurs.

(1) En réfléchissant sur cet article, je me suis formé une opinion à part, différente de celle de Montesquieu et de tous les écrivains modernes. (Voyez *Esprit des Lois,* Cause de l'immutabilité de la religion, des mœurs, des manières, des lois, dans les pays de l'Orient, tom. II, pag. 71.) Le khalifat ne dura pas si longtemps chez eux, que chez nous les papes : renversé par les Barbares, ce n'est que son ombre qui fut restituée, et ne dura tout ensemble que neuf siècles. Les croyants le révè-

tivité de la vie marche chez eux avec beaucoup plus de vitesse qu'en Occident : la preuve en est dans les transformations d'États, dans les dynasties si variables et inconstantes que les médailles nous rapportent, dans la recherche de la position par la force et les talents supérieurs. Si la prédestination et d'autres préjugés rendent la pluralité des hommes souvent engourdis et presque passifs dans les grands mouvements politiques, causés toutefois par l'esprit des masses, ces mêmes idées servent aux génies supérieurs à en tirer parti et des moyens pour accomplir leurs desseins ou plutôt ceux de la volonté primitive. En effet, l'homme supérieur se croit toujours inspiré par l'Être suprême et souffle cette

---

rent comme un souvenir, mais ne pensent jamais le faire revivre. Outre cela, la diversité de sectes au sein de l'islamisme même, les modifications dans l'interprétation du Cour'ann, les différents cultes dans l'Orient en général, et surtout les fréquentes révolutions, sont autant d'arguments en faveur de cette nouvelle opinion. Il est vrai que pour ce qui est relatif au fond de la religion même, les premiers disciples du prophète auraient reconnu aujourd'hui leurs coreligionnaires ; tandis que, si l'on supposait que les apôtres du Christ, et les premiers pères de notre Église se levassent du tombeau et entrassent, par hasard, dans l'église de St-Pierre à Rome, ou dans quelque cathédrale de nos capitales, ils auraient infailliblement demandé : Quel culte est-ce qu'on professe ici ? Mais j'en appelle au lecteur réfléchi et consciencieux : peut-on citer à l'avantage de l'Occident ces mutations dans notre divine religion ?

inspiration aux masses : de là l'unité stricte de la pensée jointe à l'omnipotence presque de l'action de millions d'hommes !...

Je ne justifie ni la forme du gouvernement, dont la nature, pour la plupart du temps, tient au climat et à la position géographique, ni cet état de choses, ni l'esclavage chez les Orientaux : j'en rends raison. Mais, pour l'apprécier à sa juste valeur, il est à propos d'en faire le parallèle avec l'effet de notre organisation sociale et de confronter notre liberté avec leur esclavage.

Il est vrai que dans le Levant il n'y a pas maintenant beaucoup de civilisation, selon notre appréciation, et la liberté individuelle n'y exista jamais telle que dans quelques États européens, où les hommes supérieurs, trouvant un vaste champ pour exercer leurs talents dans les diverses branches de la vie civilisatrice et du bien public, ne troublent pas les nations par leur force impatiente à se signaler. Mais soyons impartiaux et réfléchissons que, pour tout cela, il s'y trouve la liberté des masses plus vaste qu'ailleurs, sortant du génie local, ou la révolution organisée et continue, cachée dans le tempérament et le caractère de ces empires, cherchant presque toujours pour que la force la plus grande soit à la tête de l'État ; de sorte que nos plus grandes et peu durables révolutions, ensevelies toujours sous la pression de l'ancien ordre, sont à peine les miniatures de celles-là.

On répète que de toutes ces révolutions ne font que surgir de nouveaux despotes plus fiers, plus cruels et plus intolérants les uns que les autres, et qu'elles n'engendrent aucune amélioration pour les masses. Les auteurs chrétiens, dans leur jugement, qui ne saurait être juste sans être calme, par l'esprit de parti y mêlant les ingrédients de l'animosité et des préjugés nourris et enracinés depuis des siècles, généralisent souvent les tyrannies de quelques soudans et de leurs satrapes. Mais on prend à tort les abus et les exceptions pour des règles générales. En examinant quelques médailles de la dynastie même la plus meurtrière, nous aurons l'occasion de signaler les vrais pères du peuple, et quant à leur fierté, qu'il me soit permis de remarquer qu'aucun des princes musulmans ne nous présente le caractère de l'Europe moderne, et ne fait adorer au peuple son image sur la monnaie, comme c'est l'habitude de presque tous les souverains païens et chrétiens, même des plus insignifiants États. Quelques-uns de ces *despotes* défendent expressément de prononcer, après les noms de Dieu et du Prophète, leurs noms dans les prières publiques : ils stigmatisent cet usage en l'appelant le blasphème le plus outrageant. Est-ce que les hommes de cette opinion (souverains en Orient) ne seraient pas traités chez nous comme des jacobins?

Les cruautés, justement reprochées à certains soudans, mises en parallèle avec celles de quelques princes chrétiens, anglais, espagnols, français, allemands et italiens (je ne dirai rien des russes) seraient décidément au préjudice de ces derniers. Vis-à-vis des princes ismaliens ou rois des Assassins (secte schismatique détestée par les musulmans orthodoxes), vis-à-vis Iran Schah (Seljouk), Atzis et Tacasch (les Khovarczmiens), Schagia (le Modaferien), Kamil et Bilbaï (les Mamelouks), je n'ai qu'à opposer Philippe-le-Bel, Charles IX, les princes de Borgia, don Pedro-le-Cruel, Henri VIII et Philippe II, pour faire taire d'un coup la critique partiale. Quant à l'intolérance et à la persécution exercées à l'égard des chrétiens, par des prosélytes de l'islamisme, que l'histoire réponde pour moi, comment ils y étaient provoqués partout, et comment on a traité les mauresques et les autres musulmans en Espagne, en Portugal, en Sicile, en Italie, en France et dans toutes les colonies européennes d'outre-mer. L'islamisme ne présente pas des auto-da-fés de la *sainte* inquisition, qui souillent les annales du christianisme. Les savants ont maudit longtemps Omar, parce que, disaient-ils, il a voué aux flammes la bibliothèque d'Alexandrie.

Il est connu aujourd'hui que cette librairie a été brûlée avant Omar par les chrétiens. N'oublions pas aussi qu'après la prise de Jérusalem, les croisés brûlèrent, à Tripoly, une bibliothèque qui renfermait les plus précieux monuments de la littérature orientale (¹), et qu'ils détruisirent les monuments des arts à Constantinople, en 1204 de l'ère vulgaire. On voit une paille dans l'œil de son voisin, et on ne voit pas une poutre dans le sien. *Meg tapogatván az eremet, s' a' magáét, tessék meg itelni* dit le Magyar (tâtez mon pouls et le vôtre pour pouvoir en juger).

De même, l'esclavage dans le Levant n'est pas tel que les Européens s'en font l'idée. Dans ces contrées, qu'on pourrait nommer vis-à-vis de nos mœurs un séjour privilégié des miracles, on voyait communément les marchands, les artisans, les ouvriers et même les esclaves devenir chefs d'un empire. Il suffit de citer parmi tant d'exemples les quatre premiers khalifs : Abu-Bekr, tisserand ; Omar, corroyeur ; Osman, marchand ; Aly, domestique, et toutes les deux dynasties de Baharïtes et de Tcherkasses ou Borguites qui, je ne dirai pas *quand même,* mais parce qu'ils étaient esclaves, furent proclamés sul-

---

(¹) Au rapport de Jahia ben Aby-Tay, cité par Ibn-Ferat (Ms. arabe de Vienne, tom. I, pag. 73 et 74), l'académie de Tripoly surpassait toutes celles qui ont jamais existé dans le monde : sa bibliothèque renfermait trois millions de volumes.

tans en Égypte. Au contraire, il n'arrive pas souvent chez nous de voir même un lieutenant d'artillerie devenir empereur !... Les chefs de notre Église seuls sont, pour la plupart, tirés d'humbles conditions.

Si la *philanthropie* anglaise, qui pourtant établit l'esclavage partout dans ses colonies, voulait étendre ses vues jusqu'à empêcher la traite d'esclaves en Orient, je ne serais pas étonné d'entendre quelque esclave s'écrier de désespoir : « Quoi ! vous voulez m'empêcher d'être proclamé sultan ! »

Communément ceux qui, des rangs inférieurs, sont élevés si haut, connaissant de près et par l'expérience le peuple, son infortune et ses besoins, selon les notions des Orientaux, sont plus portés à lui rendre justice que les souverains régnant par le droit de naissance. On sait que dans les pays de l'Orient, gouvernés par des autocrates, tous les hommes, sans exception, sont les esclaves du sultan et, par conséquent, plus égaux entre eux-mêmes que chez nous. Où tout le monde est esclave et où il y a tant d'égalité, c'est presque la liberté. Cette unité de millions d'hommes impose au maître l'obligation de les bien gouverner et de renoncer aux empiétements naturels du pouvoir, au risque de perdre son trône, et de devenir à son tour esclave ou cadavre. — Le célèbre adage : « Il faut craindre celui qui nous craint, » est bien connu et souvent répété dans ces régions.

Particulièrement les esclaves en Égypte, achetés dans l'enfance sur les marchés de Syrie à des prix énormes (¹), étaient considérés comme membres de la famille ou fils de leurs maîtres, et jouissaient de la plus grande prospérité. C'est la condition de tous les peuples, vivant dans l'état primitif et patriarcal. Pour l'exemple, prenons les anciens Germains : « Ici vous ne pouvez pas, dit Tacite (²), distinguer les maîtres des esclaves, quant aux délices de la vie. »

De quel côté est l'avantage, je le demande, entre pareil esclavage et la liberté en Occident? La liberté individuelle chez nous, assurée par la constitution et les lois, pour la masse du peuple, n'existe que sur le papier : elle se réduit en somme à la liberté du choix entre la mort et la nécessité absolue de

---

(¹) Le haut prix que l'on offrait pour l'achat d'esclaves jette la lumière sur leur véritable état. Ce que je dis de l'Orient ne s'applique guère à la Russie. Ici l'organisation sociale est opposée : on y voit, au lieu d'égalité, *les gradations de l'esclavage*, qui s'introduisent insensiblement depuis quelque temps chez les Orientaux, et minent leur puissance. Il arrive souvent qu'un Russe se vend lui-même pour un vil prix, et il croit avoir trompé son acheteur : c'est parce que sa liberté ne vaut pas un sou, et en se vendant il trouve un protecteur, un fournisseur à ses besoins. On sait qu'en Angleterre, d'après une ancienne coutume chez la populace, les hommes vendent leurs femmes méchantes — *pour une goutte !*

(²) *De mor. Germ.*

vendre son temps, ses forces, sa conscience et sa vie entière à quelques capitalistes pour un misérable salaire...

Ne nous vantons pas non plus que la paix, si nécessaire au développement des capacités, est plus durable en Occident qu'en Orient, et n'appelons pas cette révolution continue des masses *reductio ad absurdum* du principe salutaire. Je ne sais pas, si la paix ou la guerre sont plus nécessaires à l'humanité ; et il me semble que les partisans exclusifs de ces deux systèmes se trompent au souverain degré. La guerre aussi bien que la paix, trop longues, ruinent les États les plus forts. Le désir du repos, de la paix, ne peut que signaler les symptômes de la faiblesse ou de la fatigue : la force réelle a besoin d'exercice, de lutte et d'espace. Cet instinct pour les grands pugilats existe toujours dans le gros des nations ; et si l'on pouvait recueillir leurs votes un à un, on trouverait à coup sûr, cent votes pour un, en faveur de la guerre. Là dessus vous n'avez pas besoin de vous adresser aux vieux soldats de Napoléon ; interrogez les individus ennemis de la France, et même ceux qui ont le plus souffert pendant la dernière guerre et ils vous répondront presque unanimement : « si je pouvais encore être un moment témoin d'actions si grandioses et si héroïques, je donnerais toute ma vie. »

Avec une telle constitution innée, avec leurs préjugés et leurs idées sur la prédestination et le fatalisme, nous trouvons chez les Orientaux, plus rapprochés de l'état de nature, moins de ces monstruosités du vice, qui sont les fléaux de notre société, beaucoup plus de droiture et de magnanimité : c'est ce qu'on peut observer dans leur première invasion de l'Asie mineure et dans la série des guerres des Croisades. Et si l'on trouve plus tard la fourberie et la mauvaise foi diplomatique chez les Musulmans, on peut dire avec assurance, qu'ils les ont apprises des Chrétiens, et qu'ils étaient obligés de s'en servir en guise de revanche, depuis que les papes ont persuadé aux monarques catholiques, que violer le serment prêté aux infidèles, est un mérite aux yeux du Seigneur. Mais combien de fois a-t-on commis les crimes les plus affreux en prétextant l'exigence de la religion!...

L'excès de surprise et d'indignation à la nouvelle de la violation du serment prêté par des chrétiens, que les Mohammedans faisaient éclater, dévoile à nu leur probité. Nous n'avons qu'à rappeler la guerre que Ladislas IV des Jagellons, roi de Pologne et de Hongrie, malgré le traité conclu, a faite contre Amurath, à l'instigation du pape, et où le premier a péri dans la fameuse bataille de Varna. Le roi, à la tête de sa cavalerie, le sabre à la main, s'enfonça alors lui-même dans les rangs de l'ennemi, il cherchait la tête du sultan. Amurath s'y trouva, dit un écrivain arabe, en si grand danger, qu'il invoqua le dieu de son ennemi, Jésus-Christ, afin qu'il vengeât l'injure que les chrétiens lui faisaient par leur parjure, et fit en même temps vœu de se faire derviche après la victoire. S'il en faut croire Callimaque, l'historien grec, le sultan fit cette invocation en tenant dans sa main, levée vers le ciel, une boîte d'or, où était une hostie consacrée qu'on lui avait donnée en ôtage pour assurance du traité; c'est ce qui est presque incroyable. Il exécuta son vœu peu après cette bataille en remettant le diadème à son fils Mohammed II (¹).

Bref, il me paraît que nos propres préjugés ne nous laissent pas avouer, que pour les idées du destin et du fatalisme, nous ne sommes pas en désaccord avec les croyants à l'islamisme, sinon avec cette différence, qu'elles sont plus répandues chez eux. Je vous prie, pourquoi de temps immémorial jusqu'à nos jours, les individus, au physique et au moral les plus vigoureux, les conquérants et les philosophes de tous temps, en tout lieu sans

---

(¹) Voyez *Bibliothèque orientale*, par M. D'Herbelot, Paris, 1781, vol. III, pag. 522, et *Histoire des révolutions de l'empire des Arabes*, par l'abbé De Marigny, Paris, 1750, vol. II, pag. 598.

exception de religion, ont-ils été fatalistes, et cette conviction a été bien loin d'arrêter leur activité?... Pourquoi, en s'embarquant volontairement, ou malgré eux dans de grandes entreprises, répétèrent-ils : « que *nos destinées* s'accomplissent ? » Pourquoi les scrutateurs judicieux de l'histoire des peuples et des grands hommes, avant tout, font la revue de toutes les circonstances d'alentour, plus fortes qu'eux, qui les élèvent ou les précipitent dans le néant? Pourquoi les historiens et les politiques, en cherchant les causes des événements, et remontant d'une source à l'autre, rencontrent-ils la cause primitive de tout, un gouffre sans fond, que les uns appellent le fatalisme et le destin ; les autres, les voies de la Providence, et les autres encore, la force des événements, qui renverse tous les obstacles? Pourquoi, enfin, le monde chrétien répète-t-il tous les jours dans sa prière au ciel, ces paroles les plus sublimes : « Que votre volonté soit faite? » Est-ce que tout cela n'est qu'un mot vide de sens?...

Nous sommes donc en parfait accord avec les prosélytes de l'islamisme ; étouffons seulement dans notre cœur cette dernière palpitation du ressentiment invétéré, l'écho agonisant du fanatisme des croisés, pour fraterniser davantage avec eux. Nous répétons comme eux, « qu'il n'y a que Dieu qui est tout-puissant; » — paroles si souvent reproduites sur les médailles musulmanes, — en ajoutant que « Mohammed (¹) est son prophète. » Aussi tout chrétien éclairé le reconnaît pour un grand homme. Bonaparte, non-seulement par politique, mais, je crois, par le sentiment de la vérité, dans sa proclamation en Égypte disait : « Nous aussi, nous sommes de vrais Musulmans. N'est-ce pas nous qui avons détruit le pape, qui disait qu'il fallait faire la guerre au Musulmans? » En retour, les u'lemas, hommes les plus éclairés de ces pays, considèrent notre Christ comme un grand prophète, dont l'âme, après qu'il fut crucifié, a rejoint pour toujours son père éternel : c'est ce qui prouve de leur part, soit un examen philosophique, soit une sage tolérance. Nous observerons plus tard cette tolérance politique sur les monnaies orientales.

Ces voies de la Providence, ce destin du monde semblent se manifester dans les rapprochements mutuels des peuples, dans cette tendance continuelle vers la fusion des races, du sang (*colluvies*

(¹) Je préviens d'avance que je suivrai la vraie prononciation des noms propres, c'est-à-dire celle des Orientaux. Ainsi on y prononce Mohammed (Mahomet), Suleyman (Soliman), Timour (Tamerlan), Bayezid (Bajazet), Cour'ann (Alcoran), etc. On doit aussi dire mohammedanisme, Mohammedans, au lieu de mahométisme, Mahométans.

gentium), et des connaissances, vers l'union plus ou moins parfaite, qui n'est sûrement pas le dernier but, mais le moyen pour le développement ultérieur du genre humain.

Ceux qui disent que les rapprochements des peuples ont effectué les conquêtes et le christianisme ne voient qu'un côté de la question. Ce ne sont pas les instruments uniques de l'agglomération des masses; toutes les religions qui s'engendraient l'une l'autre : le brahmanisme, le buddisme, le judaïsme, le fétichisme, le schamanisme, etc., et principalement l'islamisme y jouent un grand rôle. Il est avéré que bien des Mohammedans sont devenus chrétiens, mais aussi c'est un fait que beaucoup plus de chrétiens, par force ou volontairement, ont été gagnés à l'islamisme, et que plusieurs de ces apostats occupèrent le trône des sultans en Égypte. Comme les conséquences des conquêtes et de la supériorité morale, anciennement les langues grecque et latine, plus tard l'arabe, et dans l'histoire moderne, les langues allemande, française et anglaise ont opéré tour à tour une grande fusion des idées : enfin la révolution française a produit un certain équilibre dans les notions politiques parmi les peuples de l'Europe. Mais ce n'est pas tout. Il y a encore des nœuds très forts, qui attirent les éléments hétérogènes et les forcent à tourner autour du même pivôt providentiel. Ce sont : 1° la diplomatie des cabinets ; 2° le commerce ; 3° la connaissance plus intime des peuples entre eux, par les moyens des sciences et des lettres en général, qui continuent leurs conquêtes, après l'extinction même des nations, dont elles ont pris naissance. Nous ne nous arrêterons sur ces trois objets, qu'autant qu'ils ont des rapports avec notre matière.

Personne n'ignore que le système de la balance du pouvoir, observé avant en Italie, lors de la puissance prépondérante de Charles-Quint, s'est introduit dans tous les cabinets de l'Europe et constitue depuis la base de la politique moderne des gouvernements. Cette idée de la diplomatie était connue des anciens avant que le mot fût inventé et réduit en système régulier. Je pourrais même citer une foule d'exemples, depuis les Croisades, où, guidés par leurs intérêts réciproques et le danger commun, plusieurs soudans entraient en alliances avec les princes chrétiens contre leurs propres coreligionnaires, aussi bien que les monarques chrétiens avec les Musulmans contre les frères de leur Église. Dans les transactions de cette sorte, il y a certainement peu de moralité et peut-être beaucoup de politique : il n'est donc pas étonnant que le nombre de ces cas penche du côté des cours chrétiennes. Il n'entre pas dans le domaine de mes études actuelles de prouver combien ce système a pris une fausse voie depuis le seizième siècle jusqu'à nous, et que, destiné à maintenir la paix, il a banni la paix de l'Europe. Je me bornerai à cette thèse : est-ce que la balance du pouvoir est en équilibre de nos jours, et où repose le secret de sa réhabilitation ?

Une des clefs à maintenir ou à renverser la balance des puissances en Europe est sans contredit l'empire ottoman, et c'est une des causes majeures de notre attraction vers ce pays. Naguère Montesquieu a prédit : que la Porte, malgré son existence précaire et le délabrement de ses fondements, maintiendra sa position plus longtemps qu'on ne croit, parce que les puissances maritimes y sont intéressées. Cette prédiction, vraie en résultat, comme l'idée dans son point essentiel, est fausse ou mal exprimée, et conséquemment mal comprise par le public. On doit s'attacher à relever les fautes des auteurs célèbres, parce que leur renommée les fait perpétuer.

Depuis le commencement du siècle passé jusqu'à nos jours, la Grande-Bretagne, par sa marine, le commerce et ce qui s'en suit, l'accumulation des plus grandes richesses, s'efforce à tenir entre ses mains la balance du monde, et, excepté deux époques dans ce laps de temps, elle a complétement réussi. Le danger qu'elle présente aujourd'hui à tous les peuples du globe était prédit il y a vingt-deux siècles par un célèbre historien grec (¹). Par la domination presqu'absolue sur mer, la possession de stations mercantiles et de colonies sur les principaux points du globe, les Anglais bloquent en quelque sorte toutes les nations, ne les laissant ni disposer de leurs produits mutuels le plus avantageusement possible, ni faire accroître leur puissance ; tandis qu'eux-mêmes sillonnent les mers dans toutes les directions, à l'instar de sentinelles mouvantes : ils semblent garder les autres nations à vue, et règlent leurs propres relations tout à fait librement. Il y avait un moment où, quand toutes les puissances maritimes ont bien compris leurs intérêts, la neutralité armée eût mâté l'ennemi commun ; mais les passions et l'esprit du siècle ont

---

(¹) Xénophon, dans son petit traité ἀθηναίων πολιτεία dit : « Si les Athéniens habitaient une île, étant en même temps maîtres de la mer, ils auraient la faculté de ruiner tous les autres peuples, sans être exposés eux-mêmes à l'invasion, tant qu'ils garderaient leurs biens, par la supériorité de leur marine. Mais maintenant, situés dans la presqu'île comme ils sont, les propriétaires et les riches composent plus aisément avec les étrangers : ce n'est que le pauvre peuple, n'ayant pas l'occasion de craindre ni fer ni feu, qui ne connaît pas la terreur, et ne fléchit pas devant l'ennemi. » (*Cf. Thucidides,* lib. I, CXLIII.)

renversé cette alliance pour combattre la France. C'est sur cet aveuglement des cabinets, aux dépens de la liberté générale, que la marine de la Grande-Bretagne s'est accrue encore davantage. Elle fait tous ses efforts pour exercer la plus grande influence à Constantinople et à Alexandrie; elle vient d'humilier l'empereur céleste et d'ouvrir à son commerce de nouveaux et innombrables marchés.

Lorsque, à cause de la prise d'Oczakow par Catherine II, en 1791, les politiques européens, dans leurs rêves, voyaient déjà Souvaroff à Constantinople, les Anglais à Cronstadt, les Prussiens en Livonie et les Polonais voler au secours de la Turquie menacée (¹), examinons un peu ce qui se passa dans un des plus brillants tournois parlementaires, à Londres, où Pitt éprouva le plus grand échec pendant son administration (²). Il s'agissait de l'armement que ce ministre avait entrepris contre la Russie. On peut recueillir par ces débats, jusqu'à quel point les Anglais ont peur que quelque jeune et entreprenante puissance ne s'empare

---

(¹) Voyez SÉGUR l'aîné : *Tableau hist. et polit. de l'Europe 1786-1796.* Paris, 1803 (l'an XI), et aussi *The Star* et *St-James's Chronicle* et les autres journaux anglais de ce temps.

(²) *The administration of M. Pitt had never encountered so rude a shock as from this discussion*, dit : *The Annual Register*, pag. 107, vol XXXIII. London, 1795.

de Constantinople. Ayant fermé les Dardanelles, et outre cela devenue maîtresse de la Syrie et de l'Égypte, elle pourrait, sans être gênée, se créer une telle marine sur la Mer Noire, qu'elle serait décidément en état d'enlever le trident de Neptune à son possesseur actuel. C'est un aveu, une confession publique des Anglais eux-mêmes, des personnifications, du génie local, des plus grands politiques du siècle ([1]). Cela explique toutes les interventions du cabinet de St-James dans les guerres entre la Sublime Porte et la Russie, et la dernière, dans les différends surgis entre le sultan et le brave Mehemet-Aly.

Or, prolonger l'existence de la Porte, telle qu'elle est, et la possession des plus beaux pays entre des mains faibles et efféminées, n'est-ce pas la même

---

([1]) Voyez *The parliamentary History of England*, vol. XXIX. London, 1817, et principalement les discours de lord Belgrave, pag. 179-81 ; de M. Pibus, pag. 182-186 ; M. John-Thomas Stanley, pag. 191-199 et pag. 927-928 ; sir William Young, pag. 204-206 ; lord Grenville, pag. 860-862 et 894-896 ; M. Dundas, pag. 948-950 ; M. Pitt, pag. 994-999. Je ne me rappelle pas l'endroit où Montesquieu a fait l'observation à l'égard de la Turquie, dont j'ai fait mention plus haut : je la trouve citée dans ce discours de M. Pitt. L'opposition, inspirée par la jalousie, avec toute la verve extraordinaire de Fox, Sheridan, Burke, Baker, lord Fitzwilliam, Grey, lord Porchester, Whitbread et bien d'autres, a joué à cette occasion un rôle des plus ignobles.

chose que de prolonger l'empire des mers aux Anglais ; et, par conséquent, est-ce que cette position est dans l'intérêt de toutes les puissances maritimes et commerciales ? En y souscrivant, est-ce qu'elles ne prolongeraient pas ainsi volontairement leur servitude ? Dans le cas de la chute de Constantinople, au pis aller, le changement du maître, la seule transition d'un joug à l'autre, serait une espèce de liberté pour toutes les autres nations intéressées dans le commerce, au moins pendant la durée d'une lutte sans exemples dans les fastes du monde, qui auraient lieu entre ces demi-dieux ; — c'est-à-dire entre la Grande-Bretagne et la nouvelle puissance invisible jusqu'à présent. Mais cet événement, je le répète, avec toute son amélioration de l'état actuel, ne serait arrivé que dans la tournure la plus funeste des affaires : car, d'après mon humble opinion, ce n'est point par le démembrement même le plus proportionnel de la Turquie, parmi les intéressés (ce qui est impossible), mais par la conservation intégrale de cet empire, par les recherches et le choix des éléments forts sur le lieu même, auxquels il faudrait confier son destin, qu'on saurait maintenir, autant qu'il est possible, la balance du pouvoir en Europe.

Quant au commerce, tout le monde sait que celui du Levant, soit par lui-même, soit comme la route intermédiaire des Indes orientales, est de la plus haute importance (¹). Encore le côté faible de la Grande-Bretagne, qu'elle tâche de couvrir par toutes les intrigues de la diplomatie, sa force maritime et ses largesses. Les Européens se sont tellement accoutumés à des produits indiens, qu'ils ne sauraient s'en passer : aucune industrie de la civilisation ne peut les remplacer, puisque c'est le sol et le climat qui les produisent. C'est de là principalement que les Anglais exploitent leurs richesses et se procurent l'encouragement infini, d'un côté, pour leurs manufactures, et, de l'autre, pour l'agrandissement de la marine : l'unique source de leur prépondérance dans la politique du monde. En effet, le fondement de leur grandeur n'est pas dans les îles britanniques, mais aux Indes : c'est là qu'ils maintiennent une armée cinq fois plus grande que chez eux ; c'est là que la république des marchands s'est établie, qui paye elle-même son armée et est administrée par les directeurs de la fameuse Compagnie des Indes, résidant à Londres. Les Anglais, par la création d'un simulacre de la royauté dans leur Constitution, ne font que simuler adroitement les monarchistes. Une nouvelle puissance, fermement assise à Constanti-

---

(¹) Voyez *Route de l'Inde, ou Description géogr. de l'Égypte, la Syrie, l'Arabie, la Perse et l'Inde*, traduit en partie de l'anglais et rédigé par P.-T. HENRY. Paris, an VII (1799).

nople, en s'accoudant depuis la Syrie et l'Égypte jusqu'à la mer Rouge et Caspienne, pourrait tenter, avec une grande chance, d'enlever cette position avantageuse aux Anglais.

Puisque nous allons examiner principalement les monnaies des sultans d'Égypte, régnant pendant près de trois siècles, et c'est dans l'époque de la plus grande puissance musulmane, depuis le commencement de l'Hégire, et puisque ce pays, de tous les fragments de l'empire ottoman d'aujourd'hui, mal unis, brille encore le plus et *repose presque sur les mêmes éléments que jadis,* il est à propos de dire un mot sur cette contrée.

L'Égypte et la Syrie offrent les plus grandes ressources au commerce du Levant, soit par leurs propres produits, qui pourraient, au besoin, remplacer complétement les denrées que l'Europe tire de l'Amérique, soit que les caravanes de l'Arabie, de la Perse, du centre de l'Asie, de la Barbarie et d'autres pays de l'Afrique, se croisent régulièrement sur ses parages. Mais, comme la route la plus directe aux Indes, la possession de ses places mercantiles, ou au moins l'influence qu'on s'y ménage, est d'une importance infinie. Maîtres de ces régions, les Phéniciens, et puis les Grecs, acquirent tant de prépondérance dans le monde! Depuis le fondateur d'Alexandrie, les plus grands conquérants et les plus puissantes nations, avaient sans cesse les yeux tournées vers ce point du globe (¹). Les Romains, quand leur empire était dans son apogée, faisaient le plus grand cas de cette possession. Strabon (²) nous apprend que « les Romains employaient cent vingt navires en Égypte seule, pour leur commerce aux Indes, et qu'ils y envoyaient chaque année cinquante millions de sesterces » — et Pline (³) ajoute que « les marchandises qu'on rapportait, se vendaient à Rome le centuple. » Après la chute de l'empire romain, et lorsque le Bas-Empire s'affaiblit, en perdant la Syrie et l'Égypte, les Arabes, sous les soudans d'Égypte, enlevèrent aux Chrétiens le commerce des Indes. C'est le secret de la durée de leur puissance, qui fut la plus grande parmi les États contemporains. Possesseurs de cette mine d'or inépuisable, en attirant chez eux les richesses des autres nations, ils parvinrent à briser l'impétuosité et la fougue des Croisés. Mais au commencement l'incurie des

---

(¹) Un écrivain célèbre, qui florissait à Rome sous Auguste (Diodore de Sicile, liv. XVIII), dit qu'Alexandrie était la première ville du monde. Ne comptant alors que trois siècles et demi d'existence, elle comptait environ un million d'habitants, c'est-à-dire beaucoup plus que les premières capitales de notre continent aujourd'hui.

(²) Liv. II.

(³) Liv. VI.

Arabes et des Turcs partageait, avec les républicains vénitiens, aussi bien qu'avec ceux de Gênes et de Pise, ce commerce auquel, en tout temps, eut accès, de préférence, la nation qui possédait la plus grande marine. La puissance et la dynastie même des Mamelouks tombent presque simultanément en décadence avec le commerce des Indes, qui leur fut d'abord ravi, en partie, par les intrigues et la cupidité des Vénitiens, et ensuite entièrement par l'activité des Portugais. Quand les Portugais découvrirent une nouvelle route vers les Indes, plus longue et plus périlleuse, mais purement navale, c'est-à-dire en doublant le cap de Bonne-Espérance, jaloux de jouir pour toujours de l'avantage de cette exploitation, ils avaient le projet de détourner le lit du Nil vers la mer Rouge, pour rendre à jamais impraticable ce négoce par la voie de l'Égypte. Lorsque Louis XIV méditait sur les moyen d'humilier les républicains hollandais, Leibnitz lui présenta le projet de s'emparer de l'Égypte et, de ce point dominant, de frapper au cœur la puissance hollandaise, qui reposait aux Indes comme actuellement celle de la Grande-Bretagne. C'est par les mêmes motifs, et pénétré de l'importance du projet de Leibnitz (quoique la république française ne fût pas encore bien assise sur ses fondements et eût beaucoup à faire en

Europe), que Bonaparte, en 1798, se jeta comme un aigle affamé sur l'Égypte, non pas pour y becqueter le talisman de la gloire orientale et en imposer à sa patrie, selon plusieurs écrivains, mais pour y assurer les plus grands avantages à la France et à la civilisation : car après le bien que l'on fait, la gloire, qui, pour les hommes supérieurs, n'est jamais le but, vient par elle-même. Ce fut la vraie descente en Angleterre projetée par le Directoire : la ruiner au dehors, dans les fondements même de ses colonies, dans le commerce du Levant, et surtout sur les bords du Gange, où la pensée de Bonaparte planait constamment, et où il tentait de se lier avec Nabab Tippoo-Saeb ; c'était son plan. La république française d'alors s'était déjà assuré la prépondérance en Europe : la hardiesse du génie voulait jeter l'épée sur une balance plus large, et, dans les autres parties du monde, contrebalancer sa rivale, attendu que, sans cela, l'Angleterre restait toujours supérieure. Voilà le grand problème que Bonaparte s'avisa de résoudre. Malheureusement, malgré ses victoires éclatantes sur les bords du Nil et du Jourdain, cette expédition a manqué : le héros perdit sa flotte, l'unique appui de ses opérations, et rencontra un échec à St-Jean-d'Acre. C'est pourquoi il répétait, pendant cette campagne et sur le rocher de Ste-Hélène : « que le sort de l'Orient était dans cette bicoque, et si je l'avais enlevée, j'opérais une révolution en Orient, j'aurais atteint Constantinople et les Indes, j'eusse changé la face du monde ! »

Tel est le tableau en petit de l'importance et de l'intérêt que nous offre l'Orient ; — tels sont les côtés de sa supériorité morale, matérielle et géographique sur l'Occident ; — telle est sa physionomie brillante d'un coloris original, d'un éclat éblouissant et presque magique dont je hasarde d'effleurer une ébauche sommaire. Résumons les faits pour arriver à nos conclusions.

Dans tout le cours de l'histoire générale, jamais les rapports entre l'Orient et l'Occident n'ont été si grands que durant les Croisades. D'abord ces liaisons ne furent qu'hostiles et d'un antagonisme acharné. Au lieu d'être abattus, les Turcs s'enhardirent davantage, s'emparèrent de Constantinople et menacèrent le monde entier. La mission de les combattre, forcément abandonnée par l'Europe combinée, est tombée spontanément en partage à un de leurs voisins ; elle fut glorieusement remplie, de sorte que la bannière du Christ ne triomphait finalement qu'entre les mains d'une nation aujourd'hui prosternée, et qui ne cesse, avec ses ruines, de remplir la même mission contre la puissance du Nord, plus dangereuse que n'a été jadis la Porte ottomane (¹). Quel revirement de la politique depuis ces siècles d'inimitié ! Les intérêts mercantiles les plus grands et les raisons d'État font lier des rapports tous les jours plus intimes entre l'Occident et l'Orient. Un ennemi de notre religion, qu'on a voulu jadis, coûte que coûte, abattre et pulvériser, on cherche aujourd'hui, par tous les moyens, comme cela arrive souvent, à se le concilier et à le rendre puissant, pour qu'il nous soit utile : car on ne veut plus qu'on se batte pour la religion ou pour des idées quelconques, mais pour les intérêts matériels. Quoique actuellement dans une position supérieure, dont on doit profiter, puisqu'elle ne peut qu'être passagère, comme était autrefois celle de l'Orient sur nous, nos puissances ne peuvent se passer de lui, et leur grandeur dépend justement de leur influence plus ou moins efficace sur cette partie du monde...

Mais pour arriver à ce but, objet de l'ambition des puissances de premier ordre, il faut des connaissances et de la confiance mutuelle; ce à quoi les Musulmans, de leur côté, fournissent aujourd'hui l'occasion, en envoyant élever les enfants de leurs plus notables familles à Paris, à Vienne et à Londres. Il faut apprendre à connaître les éléments sur les

---

(¹) Voyez *Why the Eastern Question cannot be satisfactorily settled by* L.-L. SAWASZKIEWICZ. London, 1840.

lieux mêmes, les plus susceptibles de renaissance, où la force de l'empire est cachée ; il faut les retremper et les animer d'une nouvelle existence ; c'est ce qui est très scabreux à entreprendre pour les gouvernements orientaux (¹). Il est facile de deviner pourquoi je fais une pareille suggestion. Toutes les interventions, les secours et les appuis, que l'Occident fournit sans cesse à l'Orient, en définitive, ne sauraient être utiles à la Porte ; et, au lieu de l'affermir, ils ne font que l'affaiblir davantage. Sans laisser l'occasion au génie révolutionnaire local de renaître et de développer sa majesté, l'influence des cabinets de l'Europe l'envenime et l'étouffe, pour soutenir une dynastie décrépite. L'histoire nous donne aussi des admonitions sévères, que toutes les expéditions de l'Occident, soit en Orient, soit dans le Nord, sans y chercher sur le lieu même ou dans le voisinage les éléments analogues avec nos plans, ne produisent immédiatement ou dans la

---

(¹) L'opinion de M. M*** d'Ohson (*Tableau de l'Empire ottoman*. Paris, 1788, tom. V ; voyez le discours préliminaire, tom. I), que « Mohammed, Selim Ier et Suleyman II, s'ils montaient aujourd'hui sur le trône, auraient relevé l'empire de sa faiblesse, » est loin de me convaincre. Les grands hommes d'action sont toujours l'expression de l'esprit des masses, aussi bien en Orient qu'en Occident. Méhémet-Aly de nos jours était l'homme à rajeunir la puissance de l'Orient. La coalition funeste l'en a empêché.

suite que les résultats les plus déplorables. Ombres des croisés, des successeurs de Godefroy de Bouillon et de Guy de Lusignan, ombres de Charles XII et de Napoléon, parlez pour moi !...

Quand on veut employer un individu pour une affaire dont dépend notre salut, ou lui confier un poste important, on veut connaître son éducation, son caractère et toute sa carrière depuis sa naissance. L'étude la plus précise et la plus profonde des nations et des pays est d'autant plus nécessaire à des hommes politiques qui ont quelque prétention de vouloir fabriquer les événements, ou diriger les peuples. C'est à la connaissance du pays et des indigènes, que les Anglais doivent originairement leur établissement aux Indes (¹). Or, les renseignements les plus minutieux sur l'Orient, sur les contrées, dont dépend notre supériorité politique, maritime et commerciale, sont aussi indispensables à la Grande-Bretagne, afin de pouvoir conserver ses conquêtes et sa prépondérance, qu'à toutes les autres nations, qui sont impatientes de secouer son joug. Celui qui devancera ses concurrents sur cette arène, sera maître des événements à venir, et quel que soit le sort qui attend l'Orient et les Indes, il est juste que celui-là en soit l'arbitre, qui aura

---

(¹) Voyez le *Recueil de voyages*, qui ont servi à l'établissement de la compagnie des Indes, etc., etc.

plus de courage, de lumières et de connaissances sur l'objet possédé.

Outre la fierté innée aux possesseurs de biens, qui croient pouvoir retenir éternellement ce qu'ils ont acquis une fois, et outre l'inertie de ceux qui en souffrent et n'ont pas l'esprit de se relever, il y a encore d'autres obstacles qui nous empêchent de faire une connaissance plus familière avec l'Orient. C'est la différence des langues, des mœurs et des religions de ces peuples, que l'ignorance européenne appelle barbares. Les savants, qui travaillent à briser ces grilles, à rompre la barrière des préjugés, et à unir ainsi les peuples, font peut-être les plus grandes conquêtes du monde, parce qu'elles commencent par subjuguer l'amour-propre et par des triomphes sur nos penchants, ils ne coûtent point une goutte de sang et produisent les plus grandes éventualités.....

Ainsi les hommes d'élite ne connaissent point entre eux la distance ni de temps ni de lieu : nonobstant la diversité de langues, mœurs et religions, qui semble les séparer à jamais, ils correspondent entre eux, se comprennent et forment une république lettrée. C'est l'avant-garde de l'union des peuples, que la marche du temps réalisera un jour...

Il serait superflu de disserter ici longuement sur l'utilité de la numistatique en général ; elle découvre tous les jours à l'histoire universelle de nouvelles vues, et on peut dire avec certitude qu'elle ne manquerait pas d'étendre plus loin encore son programme pour la critique historique. Parler donc de cette science serait en quelque sorte presque la même chose que de parler de l'utilité de ce dépôt de l'expérience des siècles, que l'histoire nous présente. Mais il me reste à tracer un aperçu succinct, d'après mon plan, des avantages de la numismatique orientale.

Strictement parlant, un historien doit s'intéresser également à la connaissance des Vandales, Samoïèdes, Hottentots et Pérouviens, comme à celle des nations les plus civilisées. Mais soyons un peu indulgents, et ne reprochons pas au mortel, influencé par les circonstances dont il est entouré, ne lui reprochons pas de s'occuper davantage de choses plus à la portée de sa situation spéciale. Au contraire, je trouve bien naturel que nos historiens modernes s'intéressent le plus aux époques éclatantes de la chrétienté. C'est une partialité, si vous le voulez, peut-être blâmable, mais elle est à peu près indispensable. En parlant de notre imagination, non pas au point de vue poétique, mais de cette imagination sévère et historique, qui ne rayonne qu'au contact de l'évidence, qui saisit les faits moraux et invisibles, l'âme des événements; pourquoi est-elle si éprise, s'échauffe, et voit plus clair les choses, lorsqu'il est question des Croisades, que quand on parle des temps les plus héroïques de l'histoire ancienne? Voilà la première raison de la supériorité de la numismatique musulmane sur celle des Grecs et des Romains. A la vue, par exemple, de médailles des dynasties de Fatymides, Seljoucides d'Iconium, de Damas, Ayoubites, Atabeks de Moussoul, d'Alep, etc., et surtout des Mamelouks, combien notre esprit s'anime! Nous nous rappelons plus aisément les événements et les hommes de cette grande époque; nous voyons passer en revue les Français, les Belges, les Germains, les Anglais, les Italiens, les Espagnols, etc., devant les yeux de notre imagination depuis Pierre l'Hermite et Gautier-sans-Avoir, jusqu'à St-Louis et jusqu'à l'expulsion complète des Francs de la Terre-Sainte, par la dynastie d'esclaves régnante en Égypte. Certes, il est utile et agréable de connaitre de près, dans les moindres détails de sa vie, dans les débris de sa grandeur, l'ennemi réputé de la chrétienté, si puissant, si fort, souvent si magnanime et toujours nous donnant de grandes leçons!

Mais j'avoue que ces motifs de la préférence d'une partie de l'histoire sur l'autre n'est que la question d'amateurs ou plutôt une fausse optique provenant de notre situation. Passons à des arguments plus solides et plus calmes.

Les monnaies mohammédanes sont plus anciennes que tous les manuscrits arabes, que les siècles passés nous ont transmis. Le génie destructeur et édificateur à la fois présida, sans doute, dans toute sa force, à la fondation de l'islamisme : on croyait nécessaire d'annihiler jusqu'aux moindres vestiges toutes les traditions anciennes, afin que les croyants ne fussent jamais tentés de retomber dans l'idolâtrie. De là, outre le témoignage qu'elles nous procurent de l'état de l'art, qui fut simple comme les mœurs, ces pièces sont inappréciables pour la philologie arabe en général (de cette langue si riche et si abondante, démontrant l'activité de l'esprit du peuple) aussi bien qu'en particulier pour sa partie diplomatique : la paléographie. C'est surtout la géographie, l'histoire, et la chronologie, qui peuvent y recueillir les faits vierges et inconnus, l'existence et la grandeur des villes florissantes, dont on n'aperçoit plus même des ruines, l'étendue de la domination de Mohammed pendant sa vie et après sa mort, la puissance, l'accroissement, les limites, la décadence et le démembrement de l'empire des Khalifs parmi les dynasties innombrables, leurs origines, leurs périodes, leurs vicissitudes et leur extinction.

Les noms de villes, de gouverneurs et d'autres personnages que l'on trouve sur ces petits monuments pécuniaires, constatent, outre cela, la nature des rapports entre les souverains et les magistrats, leur rang, le genre de dépendance, l'état de l'administration et d'autres points statistiques et politiques.

Les mérites des coins orientaux consistent encore en ce qu'ils constituent le *corpus delicti* de tant de guerres internes et extérieures, de tant de misères et d'autres conséquences, qui en découlent, comme les anneaux d'une chaîne non-interrompue. Il suffit de rappeler ici que la guerre, qui éclata entre les Chrétiens et les Musulmans (et donna naissance à tant de guerres sanglantes plus tard), du temps d'Abdulmelik, fut causée parce qu'il avait payé le tribut à l'empereur Byzantin avec les monnaies arabes nouvellement frappées : — les pièces d'Alphonse VIII produisirent des conséquences semblables. Chaque guerrier se déclarant indépendant, commença par mettre en circulation sa propre monnaie; — chacun, qui fût vaincu, s'il continuait l'administration de son pays, faisait l'hommage au vainqueur dont il relevait, en donnant son nom tout seul, ou à côté de lui-même, sur les nouveaux coins. Ceux de soudans, qui adultéraient les espèces, en haussaient ou en abaissaient la valeur, empirant la condition de leurs sujets et du commerce, nous font connaître leur caractère. De là nous voyons surgir les révoltes, les meurtres des souverains, ou d'atabeks et vyzirs, l'élévation de nouveaux sultans et les guerres civiles. Makrizy fait des remarques amères sur cette pratique vexatoire, et en tire des conséquences lamentables.

En comparant quelques-unes de ces espèces appartenant à des princes contemporains, on y découvre des germes de controverses au sein de la religion, le premier agent des actions chez les musulmans, la cause principale de leur disposition irrascible vis-à-vis l'un de l'autre, et des guerres religieuses. Les alliances, dans lesquelles ils entraient quelquefois avec les chrétiens, contre leurs propres frères, en fait de foi, provenaient de la même source. Ce schisme se manifeste dans la mention ou la réticence de différents khalifs sur la monnaie et parfois même dans l'hommage à ces papes de l'islamisme, décédés depuis longtemps, dont on reconnaissait ou répudiait le règne posthume. (Il faut rendre justice au gros bon sens de l'opinion publique; elle proclamait toujours comme impies et fratricides ces guerres internes, et qu'on doit épargner le sang musulman. Que les nations chrétiennes en prennent l'exemple!)

Si l'on pouvait constater en chiffres combien d'espèces on a fabriqué chaque année dans un pays, on serait en état d'évaluer la puissance des empires en numéraire, on aurait le baromètre et le mobile le plus sûr du *nervus rerum gerendarum*. Ce sommet le plus culminant de la science se perd à jamais dans le tourbillon du passé. Néanmoins, on s'en fait une idée quelconque par le nombre des hôtels des monnaies. A la fin du siècle dernier la numismatique orientale en comptait soixante-quatre : — aujourd'hui on en énumère environ deux cents, et nous sommes sur les traces de découvertes ultérieures.

La numismatique arabe, comme une branche de la numismatique universelle, occupe sa place de distinction dans l'histoire des révolutions monétaires du genre humain. Dans son enfance et plus tard, elle confond, sans beaucoup de raffinement, l'art et les idées des Grecs du Bas-Empire, des chrétiens en général et des Persans : mais dans son type purement arabe, elle réforme les coins des autres pays et trahit une immense influence partout. De là viennent les monnaies bilingues, où l'arabe fraternisait avec d'autres langues, savoir : des empereurs grecs, des Latins en général, des rois de Sicile normands et peut-être gibelins en particulier, des grands ducs de Moscou, des rois pracritides de Géorgie, et les pièces unilangues arabes et particulièrement en Espagne. C'est surtout les médailles sassanides et bactrianes ou scytho-indiennes, dont l'origine remonte au temps d'Alexandre-le-Grand, qui s'y mélangent et disparaissent dans le type arabe, comme autant de rivières devenues ruisseaux dans un fleuve rapide : cette influence sur celles des Indes se pratique sans interruption depuis les premiers khalifs jusqu'à nos jours. D'ailleurs, mises en émission, en Asie et en Afrique, aussi en Espagne, en Sicile et peut-être en Italie, ces espèces font voir les relations réciproques et la pression de l'activité musulmane, non-seulement sur ces pays, mais sur presque tous les pays connus de ce temps-là; parce que, comme agents d'échange, elles avaient plus de circulation qu'aucune monnaie du monde. On les reconnaissait dans le commerce depuis l'embouchure du Gange, dans le Bengale et la Chine, en Tartarie, dans le Habesch et Abascia (la Nubie et l'Abyssinie), le long du double littoral de la Méditerranée, en Grèce, en Italie, à Alger et à Tunis, à Coimbra et St-Jago, jusqu'à Ceuta, Tanger, Mogreb et Fez. Les marchands aventureux les emportaient sur les bords du Volga, jusqu'à Novogrod et Pskoff, sur les bords de la Vistule et Niewiaja, dans les villes hanséatiques, aux îles de la mer Baltique et même jusqu'en Norwége et peut-être en Angleterre ([1]).

([1]) Voyez G.-H. Kehr, *Monarchiæ Asiatico Saracenicæ status*,

Ainsi l'étude des monuments monétaires de l'Orient dont la possession est due au hasard, aux trouvailles dans d'autres contrées, fournit souvent des matériaux à l'histoire de son commerce d'exportation, et par conséquent, ce sont de vraies pièces justificatives pour l'histoire des communications de l'Orient avec l'Occident, dont plusieurs traces, sans ces preuves, paraissaient être effacées à jamais (¹).

ex numis prisca Arabum scriptura Kufica cusis, illustratus Lips., 1724. — AURIVILLIUS, *De numis Arabicis in Suiogotia repertis disquisitio.* Upsaliæ, 1775. — RASMUSSEN, *Om Arabernes och Persernes bekantskap och handel under medeltiden med Ryssland och Skandinavien.* Sthm, 1817. — FRAEHN, *Muham. Münzkab. Peters. et Novæ symbolæ ad rem numariam muhammedanorum, ex muscis Pflugiano, atque Manutenfeliano Petropoli; nec non Nejeloviano, Kasani, Halis Sax, etc.* — LELEWEL, *Objasnienie trzech pieniędzy Kufickich Sammanidów, Pamietnik Warszawski.* 1829. — *Samlung kleiner Abhandlungen die Mohamedanische Numismatik betreffend von* M. C. FRAEHN. Leipzig, 1839. — *Neue Samlung, etc., von* C. M. FRAEHN. Leipzig, 1844, et principalement sa dissertation intitulée : *Topographische Uebersicht der Ausgrabungen von altem Arabischen Gelde in Russland, nebst Chronologischer und Geographischer Bestimmung des Inhalts der verschiedenen Funde.* Leipzig, 1844, etc. — *Mémoires de l'Académie impériale de St-Pétersbourg,* tom. X. — La dynastie des Sammanides est due aux trouvailles en Russie: elle ne se trouve complète qu'à Pétersbourg. — MARSDEN : *Numismata Orientalia illustrata.* London, 1823, et *The Oriental coins desevibid and historically illustrated.* London, 1825, tom. I, pag. 59, 77 et 80, nous rend compte de trouvaille de monnaies arabes près de Cumberland et York.

(¹) L'histoire de la circulation de monnaie étrangère dans

Les deniers de l'Orient, aux yeux d'un homme impartial, ont infiniment plus grand prix que ceux des Grecs, des Romains, et du temps du Christianisme, de toutes les autres nations, en ce qu'ils rendent un service plus grand à l'histoire, comme une source testimoniale des événements : car toutes les autres médailles, au moins avec une exception minime, ne font que répéter et confirmer ce qu'ont déjà déposé au trésor historique l'archéologie, la diplomatie, l'art héraldique et surtout les sciences et les lettres en général, en un mot, tous ces monuments, en quoi les anciens Grecs et Romains, et après eux les nations chrétiennes sont si remarquables, et démontrent à leur tour la supériorité sans bornes de l'Occident sur l'Orient.

chaque pays à différentes époques, étant celle de la communication réciproque des peuples et de l'état mobile du commerce, en donnant l'éveil à bien des faits inconnus, serait bien instructive et curieuse pour l'histoire universelle ; mais vraisemblablement ce ne sera pour longtemps qu'un souhait de la science. LELEWEL, dans son article : « D'où vient l'argent qu'on trouve en Pologne ? » nous amène hardiment, avec une sagacité surprenante, sur les routes commerciales, et démontre les liaisons pacifiques que nos ancêtres entretenaient jadis avec les musulmans, quoique les annalistes du jour, accoutumés peut-être trop à voir ces faits, les jugeant par trop vulgaires et connus de tout le monde, n'en fassent nullement mention. Les monuments monétaires de l'Orient, déterrés en Pologne, guident ce doyen de la numismatique à trouver les caravanes de ces siècles reculés. (Voyez sa *Numismatique du moyen âge*, etc., 3e partie, pag. 77-116. Bruxelles, 1835.)

L'histoire orientale n'est pas connue dans le pays même, excepté par un petit nombre de savants arabes et turcs, et ceci bien peu. Le prince Cantimir n'a pas la connaissance de l'histoire de l'Orient : il confond les dynasties, qui ont précédé celle des Ottomans : parce que faute des sources historiques, il rencontre partout des obstacles insurmontables, et se trouve en bien des cas dans des doutes éternels. On n'y connaissait pas pendant longtemps l'art de Guttenberg : ce n'est que sous Ahmed III que la première imprimerie a été fondée par le fameux renégat Ibrahim Effendy. On s'en occupe avec un peu plus d'activité de nos jours, en faisant paraître quelques publications à Constantinople, au Caire et à Alexandrie. Mais ce ne sont que des productions poétiques, ou des chroniques insignifiantes.

Il est vrai que plusieurs soudans avaient leurs historiographes, qui transmettaient à la postérité les événements du jour les plus remarquables, et dont on peut beaucoup profiter : — les autres règnes ont été écrits par les hommes privés et obscurs, plus impartiaux en effet, mais qui étaient loin du théâtre des événements.

Plusieurs manuscrits arabes en outre, par leur forme bizarre et chimérique, la confusion et la similitude des noms propres, sont si invraisemblables et incompréhensibles, qu'on ne peut leur ajouter foi, ni déchiffrer le vrai sens de leur narration, sans les secours de médailles contemporaines. Ainsi, c'est une espèce de *jury* infaillible, qui décrète l'authenticité des manuscrits, ou les rejette comme apocryphes. Nous leur devons l'intelligence et l'approbation des faits mandés à la postérité, la reconnaissance de bien des personnages, et le crédit aux auteurs, dont la véracité semblait être suspecte.

Tous ces monuments littéraires et les autres matériaux sont d'ailleurs loin de satisfaire les recherches sur l'histoire de ces pays-là. L'historien y rencontre partout des lacunes, tantôt l'absence complète des faits, ou des circonstances, qui les accompagnent, quelquefois l'omission même de plusieurs souverains et de dynasties entières, qui ne duraient pas longtemps, souvent des données fausses, ou erronées dans les dates, les noms et les titres des souverains, qui embrouillent tant notre attention ([1]).

Dans ce labyrinthe vraiment oriental, seule, la numismatique, comme j'en donnerai l'exemple plus bas, peut servir de flambeau : c'est à elle qu'ap-

---

([1]) On peut le voir dans l'*Histoire générale des Huns, des Turcs, des Mongols*, etc., par M. DEGUIGNES, etc., tom. V, in-4. Paris, 1756.

partient la tâche de rectifier les faits, de remplir les vides immenses, de réinstaller les dynasties et les princes détrônés, et de détrôner les imposteurs couronnés par l'ignorance ou par l'obstination de persévérer dans l'erreur, de ressusciter plusieurs héros ensevelis dans l'oubli du passé. Témoins impartiaux et incorruptibles, les deniers du temps nous amènent à cette sage critique, sans quoi l'histoire est mutilée, obscure, incertaine et impuissante (¹).

On ne peut pas dire que l'Orient, depuis le temps de Mohammed (Mahomet), est dépourvu de monuments d'architecture, de travaux publics et d'autres vestiges de la civilisation et de l'industrie, dont les ruines nous enseignent quelque chose. On peut les voir et examiner les fragments de la grandeur passée, du temps des Khalifs, dans tout ce vaste empire, pendant la dynastie des Seljoucides, principalement sur les ruines d'Ikonium, et pendant la dynastie des Ayoubites, les ruines seules de la citadelle d'Alep,

(¹) *Sine numorum arabicorum cognitione critica historica arabica nulla datur, quia chronographici arabici seriem principum, annum, quo quisque ad imperium evectus fuit, nomen et dignitatis titulum, nec non provincias et regias saepius erroneas indicant, res principum gestas, eorumque et regnorum nomina confundentes, aut silentio praetereuntes.* (Vide OLAI GERHARDI TYSCHEN, *Introductio in rem numariam Muhammedanorum.* Rostochii, 1794, pag. 58.

de Damas et celles dispersées dans toute la Syrie, équivalent à des volumes. Mais prenons, par exemple, les dynasties des Baharites et des Bordgites, dont les princes, excepté un très petit nombre, se trouvaient constamment au milieu d'un tourbillon révolutionnaire, lorsque au-dessus de leur tête était suspendue l'épée de Damoclès, et qu'ils attendaient, d'un moment à l'autre, qu'un des esclaves, foulant au pied le cadavre de son maître, montât sur le trône, je vous demande, est-ce qu'ils avaient le temps de s'occuper du choix d'un historiographe, ou bien d'entreprendre des travaux publics, élever des forteresses, bâtir des édifices et d'autres monuments? Il ne reste donc guère de la domination de ces sultans des vestiges assez significatifs. On dirait qu'ils sont lavés, inondés et emportés par le déluge du sang. A cette époque, ce pays représente littéralement la mer, peu après l'orage, quand après avoir englouti dans son sein plusieurs navires, elle devient calme et resplendissante sans les moindres traces des ravages qu'elle a faits : de même, les révolutions en Égypte dans ce temps ne font que jeter quelquefois sur les côtes les débris de ces terribles naufrages, les médailles du jour, qui restent les seuls témoins de ce qui se passait jadis!

En estimant le fond des choses, au lieu de noms et de titres, on pourrait dire avec raison que l'empire musulman n'existe plus ; et si son fantôme pèse encore considérablement dans la balance du monde, c'est toujours à l'avantage de la puissance, qui exerce la plus grande influence sur ces parages. Les collections complètes de toutes sortes de monuments de l'Orient, autant qu'il est possible, doivent nécessairement éveiller la plus grande estime et la vénération chez les Orientaux (après laquelle vient communément l'influence) vers cette nation ou gouvernement qui s'en occupe le plus : — elles ne manqueraient pas de nous instruire, ainsi que les Mohammedans eux-mêmes, et, par conséquent, contribueraient puissamment à faire revivre et relever de leur léthargie actuelle la force de ces derniers. Le manque de mémoire accompagne toujours la vieillesse d'un homme ; le même symptôme se déclare vers la décadence des nations : on ne saurait les faire renaître que par les réminiscences du passé. De cette manière, nous avons vu la résurrection de la Grèce, renaissant des cendres sacrées de l'antiquité.

Depuis quelque temps, le monde éclairé en Europe court à l'envi vers l'Orient. Louis XIV, et après lui Louis XV, dépensaient des millions pour la collection des manuscrits arabes, chinois, turcs, des médailles musulmanes et de tout ce qui peut éclaircir l'horizon de l'histoire du Levant. Dans la collection de ces manuscrits, la France surpasse déjà toutes les nations et s'est concilié l'estime des savants orientaux.

Les hommes supérieurs, les politiques et les militaires, les philosophes et les poètes de tout temps se sont portés avec entraînement vers la connaissance de cette partie du monde, peut-être par une espèce de pressentiment que, le nœud gordien du sort de l'Europe s'y trouvant, il sera dénoué un jour par l'épée d'un conquérant, ou la main d'un politique habile, à l'avantage de l'humanité.

Tasso, Milton et Byron ont puisé leurs inspirations en Orient, de même que presque tous nos poètes modernes, les néo-catholiques et les écrivains politiques. Enfin les hommes d'État de toute l'Europe, dans l'attente de quelque terrible catastrophe, ont sans cesse les yeux fixés sur ce point du globe. Le temps vient où l'Orient deviendra plus visible pour l'Occident : ils s'approchent pour ainsi dire mutuellement à l'aide de lumières magiques, presque de la même façon que la plupart des peuples en Europe ne connaissent plus de distance entre eux, par l'invention des chemins de fer et les convois de vapeur. La concurrence diplomatique des puissances, pour influencer la politique orientale, marche à côté des efforts, cherchant à se devancer l'une l'autre dans la connaissance de ces pays, où se laisse entrevoir l'émulation à posséder les raretés numismatiques et d'autres monuments musulmans entre les cabinets de Londres, Paris, Pétersbourg, Vienne, Stockholm, etc. Le musée oriental de Pétersbourg, en quantité, surpasse tous ses concurrents. A cet empressement des États, ajoutons le zèle et les efforts des individus, des vrais connaisseurs orientalistes, qui parfois dans la science, comme dans bien d'autres choses, surpassent ceux des nations et des cabinets. Nous en allons voir un exemple frappant dans la collection du Dr Pietraszewski, dont je me propose d'examiner les phénomènes.

Lors de l'expédition en Égypte, le héros du siècle, le chef des représentants de la gloire de la France, de la même main qui montrait à ses guerriers « que du haut des Pyramides quarante siècles les contemplaient, » fonda le célèbre institut d'Égypte (où il y avait un musée d'antiquités), dirigea ses travaux, et dans les proclamations à ses braves et aux Musulmans, il mettait toujours sans affectation ses titres de membre de l'institut national et de l'institut d'Égypte avant celui de général en chef. Quelle leçon pour les conquérants, les hommes d'État et les politiques !...

En effet, la possession de l'Égypte par la France, comme tant d'autres plus tard, lui fut bientôt ravie, tandis que les conquêtes, que les sciences y ont faites, restent pour toujours et portent leurs fruits (¹). Mais soyons justes. Est-ce que quelque chose périt dans ce monde ? Le souvenir du « favori de la victoire, » qui fut aussi appelé en Orient le sultan Kébir, avant d'être proclamé empereur en Occident, — le souvenir de cette expédition habite parmi les croyants de l'islamisme : — il est consacré dans l'histoire ; — il fait connaître au monde ce que la France est capable d'entreprendre ; — il ne donne pas du repos à toute âme ardente et nationale, en lui portant sans cesse au fond du cœur une espèce de défi solennel...

Me voilà, mon vénérable ami, à la fin de ma lettre, qui servira d'introduction à mes études des monuments monétaires de l'Orient, et spécialement de ceux qui composent la collection du savant Pietraszewski. C'est à vous et à mes lecteurs de juger si j'ai été calme, serré et transparent dans ma logique, juste et concentré dans mes réflexions à l'instar d'une médaille antique qui parle tant en peu de mots, et cent fois plus qu'elle ne dit. Qu'on me pardonne si

---

(¹) Examinez une partie du butin que la science a faite à cette occasion dans un ouvrage volumineux : *Description de l'Égypte*, etc., dédiée à Napoléon *le grand*, et continuée sous la Restauration. Voyez aussi la *Décade Égyptienne* et le *Courrier d'Égypte*.

je parais parfois entrainé par le torrent sur ce vaste Océan scientifique. Je n'ai voulu chercher des distractions instructives dans l'histoire et la politique qu'autant qu'elles me semblent être liées avec le sujet en question, et qu'elles jettent une lumière tantôt d'en haut, tantôt oblique, sur tout ce qu'on va lire.

Agréez, etc.

L. L. Sawaszkiewicz.

LE CABINET DES MÉDAILLES MUSULMANES

DE

M. IGNACE PIETRASZEWSKI.

Quoique un demi-siècle se soit écoulé depuis que Tyschen a fait éclater son indignation et son courroux scientifique à propos de la négligence publique au sujet des médailles koufiques; quoique plusieurs écrivains zélés, après lui, aient tenté d'explorer cette forêt vierge du domaine de l'Histoire, les paroles de ce père de la numismatique orientale ne sauraient être répétées assez souvent; pas autant, peut-être, contre les savants d'aujourd'hui, que contre les gouvernements et les Mécènes actuels des sciences (¹). En effet, aucun musée pu-

---

(¹) « Pauca, proh dolor, de numophylaciis arabicis referre licet. In caussa est, quod quum olim numorum arabicorum scientia prorsus neglecta jaceret, nec ullus reperietur, qui summam ejus in historia et philologia utilitatem adductis exemplis demonstravit, iis data opera colligendis, illustrandis,

blic en Europe, et à plus forte raison, ceux des amateurs particuliers, ne peuvent se vanter de posséder quelque chose de complet dans ce genre.

Parmi les collections publiques et privées de ces beaux monuments de l'Orient, que j'ai eu le bonheur de voir, dont j'ai lu la description, ou dont j'ai entendu parler, sans contredit, celle de M. Pietraszewski tient le premier rang : — tranchons le mot, elle brille comme la lune au milieu des ténèbres. Tout ce que j'en dirai dans la suite ne donnerait, je crois, qu'une idée insuffisante des valeurs qu'elle contient. J'essayerai néanmoins d'en présenter les échantillons, tentative qui, je l'espère, ne sera pas mal reçue, ni par le public, ni par le possesseur de ce trésor. Mes connaissances sur ce sujet se composent non-seulement de la lecture

---

commendandisque, neque mecænates, neque cruditi insudarent. Hinc instructissima alias numophylacia vix unum alterumque numum cuficum, multo minus seriem Chalifarum et dynastarum, ceu monumenta pretiosissima asseruant, aut si hisce haud omnino destituta sint, eruditi, qui gazas istas peculiaribus libris descripserunt, nescio qua culpa, numos cuficos vel sicco pede transierunt, vel ieiune satis recensuerunt, » pag. 47-48. (*Introductio in rem numariam muhammedanorum.* Rostochii, 1794.) Le premier père de la numismatique musulmane fut le célèbre Kehr, dont nous avons cité l'ouvrage dans l'introduction. Après lui viennent Barthélemy, Reiske, Aurivillius, Adler, Assemani, les deux Tyschen, Hallenberg, Castiglioni, Shiepati, de Sacy, Marsden, Frachn, Schrœder, etc.

d'un ouvrage de M. Pietraszewski, dont le public ne possède que la première livraison; mais aussi des renseignements particuliers, que l'auteur m'a bien voulu communiquer sur beaucoup de points, et de l'inspection de son musée, hélas! pendant trop peu de temps. Les observations historiques, politiques et critiques, fruits de mes recherches et de mes combinaisons, cimenteront l'ensemble de mon récit. A l'appui de bien de mes assertions, j'en appelle d'avance à M. Fraehn, le phare oriental de St-Pétersbourg, et à d'autres orientalistes allemands, qui ont inspecté cette collection aux séances philologiques, tenues à Dresde en 1844, où M. le docteur Pietraszewski fut invité; et notamment à M. le docteur Olshausen, professeur des langues orientales à Kiel (en Danemark), qui tout de suite y découvrit la plus ancienne médaille musulmane, connue jusqu'à nos jours; — à M. le docteur Stickel, professeur à l'université de Iena, qui trouva, selon son expression, des miracles dans les suppléments mêmes de ce musée, et prit aussitôt des notes sur les pièces inédites des dynasties Ommiades et Abassydes; — aux professeurs de l'université de Berlin, Messieurs les docteurs Köhne et Petermann, et au savant docteur Rüdiger de l'université de Hall, qui ont unanimement répété que cette collection est un nouveau trésor pour l'Europe scientifique. J'en appelle au savant Lelewel, qui s'extasiait sur la résurrection de tant de monuments historiques inconnus, et enfin au professeur Wilson de Londres, et à MM. W. S. W. Vaux et Th. Burton, orientalistes attachés au Musée Britannique (Medailles-Room), entre les mains desquels ce cabinet a été mit en dépôt pour un temps limité (¹).

Ne voulant pas répéter tout ce que l'auteur dit dans la préface de son ouvrage *Numi Mohammedani*, nous nous contentons de dire à présent que dans cette première livraison, en commençant par les Ommiades, il énumère plus de quarante

---

(¹) D'après les informations que je tiens des meilleures sources, lors du séjour du Docteur Pietraszewski à Londres, en 1845, les directeurs du *British Museum,* ayant vu cette collection, ont sollicité à l'instant leur gouvernement de l'acheter. Mais la subvention destinée, chaque année, à cette institution se trouvant plus qu'épuisée, on a ajourné le marché jusqu'à l'année prochaine, sans aucune obligation spéciale de part et d'autre. L'orientaliste polonais ne connaissait pas encore le prix de son musée, ne sachant pas alors ce que Paris possède dans ce genre. Vu que sa collection est actuellement unique en Europe, et que ces monuments disparaissent de plus en plus en Orient, elle peut demeurer unique à jamais; ses médailles sont d'autant plus inappréciables. Par les soins de lord Dudley Stuart, on a déposé ce trésor au Musée Britannique, sous des garanties solennelles, jusqu'à l'automne de l'année 1846. Ainsi, pour un temps très limité, il reste exposé à la concurrence pour l'achat de tous les musées européens.

dynasties, dont trente étaient issues durant le règne des Khalifs Abassydes, et quatorze après la chute du khalifat à Bagdad. Il en possède sept tout à fait complètes, et trente-quatre plus ou moins incomplètes. Le nombre d'exemplaires de toute la collection monte jusqu'à deux mille six cent quatre-vingt-trois, dont cent quarante-sept sont d'or, sept cent trente-neuf d'argent, et le reste de billon, de cuivre, etc.

Si l'on parcourt toutes les contrées de l'Europe, afin d'examiner les musées en fait de numismatique générale, l'amateur médiocrement zélé pour cette science apercevra d'un coup d'œil partout la négligence et la pauvreté, dans la partie musulmane. Combien y rencontre-t-on de lacunes, combien de dynasties entièrement inconnues! Prenons, par exemple, les dynasties des Mamelouks, les plus importantes à tant d'égards, et surtout sous le rapport politique, elles ne sont presque connues nulle part. On peut s'en convaincre plus scrupuleusement, par l'étude des ouvrages immortels d'Assemani, de Tyschen, Castiglioni, Shiepati, Marsden, Frähn et le journal périodique *Jahrbücher der Literatur*, publié à Vienne, par la société des savants (¹), où l'on apprend à la fois à estimer les

---

(¹) ASSEMANI (J.). *Museo Cufico Naniano*. Padova, 1784. —

richesses des monuments pécuniaires de l'Orient, dans les principaux musées de l'Europe. On y voit que les cinq musées les plus riches en Italie, à Pétersbourg et à Londres, dans les dynasties des Mamelouks, ne possèdent tous ensemble que quarante pièces frustes et chétives, parmi lesquelles il n'y en a que trois d'argent et le reste de billon et de cuivre. Il est vrai que le musée impérial de Vienne en compte à lui seul quatre-vingts exemplaires pour ces dynasties, mais elles ne présentent que les noms de cinq soudans, dont pourtant l'histoire comptait jusqu'à présent dans les deux branches cinquante monarques, et selon les témoignages irrécusables de la collection de notre numismate polonais, elle comptera dorénavant cinquante-deux princes!

Le musée impérial de Vienne, tout brillant qu'il est, comparé sur ce point avec celui de M. Pietraszewski, restera bien en arrière. Pour s'en faire une idée quelconque, on n'a qu'à confronter les planches des médailles de *Jahrbücher der Literatur*

O. G. Tyschen, ut suprà. — *Monete Cufiche dell' S. R. Museo Milano* (Castiglioni). Milano, 1819. — *Descrizione di alcune monete cufiche del Museo Mainoni*. Milano, 1820 (Shiepati). — Marsden (William). *Numismata Orientalia illustrata*. London, 1823. — Fraehn (Ch.-M.). *Numi Muhamedani qui in Academiæ imp. scientiarum Petropolitanæ Museo Asiatico asservantur*. Petropolis, 1826. — *Jahrbücher der Literatur* (neun und achtigster Band), 1840, Wien.

avec celles de l'ouvrage *Numi Mohammedani*. Excepté les trois pièces en or du musée viennois, les autres coins de la même dynastie sont enregistrés dans la collection de M. Pietraszewski en supplément, comme moins valables, et cédant la prééminence à de plus distinguées.

Quant au musée de Paris, je regrette beaucoup de n'en pouvoir dire que quelques mots, d'après les rapports dignes de foi, que je dois à l'obligeance de quelques savants français. La numismatique mohammedane, il m'est pénible de l'avouer, s'y trouve en grand désordre, et attend le meilleur sort des savants zélés, qui président actuellement à ce département[1]. Ce que Paris possède de remarquable dans ce genre, c'est la dynastie complète des Ommiades d'Espagne : le choix et l'ordre dans tous les détails en rehaussent le prix, d'autant plus que les autres musées européens (sans excepter le cabinet de notre numismate) sont si indigents dans cette branche, qu'ils en comptent à peine quelques pièces. Les rapports de voisinage et l'influence politique, que la France exerça longtemps sur

---

[1] L'illustre M. Reinaud jeta le premier ses regards sur l'importance de ce travail, et le savant M. Longpérier, adonné à l'étude des langues orientales, commença, sous ses auspices, à coordonner les médailles musulmanes. Nous attendons avec impatience de voir le catalogue de ces précieux monuments.

l'Espagne, ont sans doute beaucoup contribué à cette riche acquisition. De même, les dynasties Fatymides et Ortokides y fournissent en abondance des représentants monétaires, qui consistent en médailles d'or et d'argent bien conservées. Mais elles ne sont pas complètes au même point que chez M. Pietraszewski, qui en comble les lacunes avec quelques pièces en verre, très intéressantes. Pour les autres innombrables dynasties, Paris n'a presque rien : à peine deux ou trois pièces mal conservées et d'un intérêt minime. Dans les dynasties des Mamelouks, on y voit une vingtaine d'exemplaires de cuivre presque frustes et qui sont des derniers sultans. Hormis une médaille d'or de Bibars, toutes les autres n'offrent rien de remarquable. La médaille d'or de Kaitbaï et celle d'Algoury n'ont pas une grande valeur, car elles sont communes en Orient et en Europe. Bref, tous ces petits monuments des Mamelouks, entre lesquels on n'en aperçoit aucun en argent, n'appartiennent qu'aux quatre soudans, c'est-à-dire à Bibars et Mohammed, dont les monnaies, à cause de leur long règne, ne sont pas rares, et à deux autres princes, assis sur le trône d'Égypte, vers la décadence de cette dynastie.

Nous avons vu sommairement quels résultats ont produits, pour cette science, les recherches des siècles, les largesses des grands États, la générosité des hommes opulents, des ministres, des rois et des empereurs, réunis ensemble. Tel a été jusqu'à présent notre zèle pour conquérir ce trésor de l'Orient qui, depuis quelque temps, est le pivot de la politique européenne ; telle a été la difficulté extraordinaire de l'explorer ! Qui donc a vaincu tous ces obstacles ? qui est parvenu presque au bout des rêves des amateurs de la numismatique orientale ? C'est un seul individu, sans les secours matériels de qui que ce soit ; mais, toutefois, en sacrifiant à son amour scientifique sa carrière diplomatique, dix ans de labeur opiniâtre, ses ressources, ses épargnes et les plus beaux jours de sa vie. Je félicite M. Pietraszewski de tout mon cœur d'avoir acquis ce bonheur, que les premiers orientalistes du jour pourraient lui envier, et qui lui méritera les applaudissements universels du monde savant !

S'étendre sur ce point, ce serait la même chose que de manquer à cette noble branche de l'histoire dont j'ai relevé les côtés les plus piquants dans l'introduction, et peut-être encore davantage aux premiers musées publics et privés ci-dessus cités. On doit dire avec impartialité que ce qu'ils possèdent par centaines ou par milliers, ils l'ont acquis pendant des siècles avec bien des peines, des dépenses et des soins. Le cabinet de notre numismate polonais, comme je viens de le dire, d'après le dernier recensement, reproduit deux mille six cent quatre-vingt-trois pièces des différentes dynasties musulmanes. Pour tout connaisseur médiocre, il deviendra intéressant ; car, au milieu de la variété qu'on y rencontre, il est parsemé de pièces d'or et d'argent en grande quantité. Les Mamelouks seuls, que pour la valeur scientifique et politique je ne balance pas de mettre au premier rang, y sont représentés par six cent soixante-sept pièces, parmi lesquelles plus de cinq cents sont d'argent et neuf d'or, toutes des mieux conservées.

Voilà l'ensemble de ce trésor inappréciable pour cette branche de la numismatique générale et pour l'histoire universelle ! Que l'on ne croie pas que mes louanges tiennent tant soit peu à l'exagération. Le savant Albert Kraft, en méditant sur les quatre-vingts exemplaires de la dynastie des Mamelouks, qui sont en possession du musée viennois, s'extasie non moins que nous sur leur valeur ([1]). Et quelle

___

[1] Il ne sera pas hors de propos de citer ce passage textuellement : « Die Dynastie der mamulukischen Sultane in Ægypten ist ein bisher wenig bekannter, wiewohl nicht unwichtigerer Theil der Orientalischen Münzkunde. Das K. K. Münzkabinet besitzt in dieser Partie einen *besonderen Reichthum*, so dass die daselbst vorhandenen Münzen, deren Erläuterung ich hier als Probe eines unfassenden Werkes über die Orientalischen Münzen des K. K. Kabinetes den Liebhabern dieses Theils der Nu-

différence entre ce qu'il produit et ce que M. Pietraszewski possède!

Oui, ce sont des trésors immenses pour l'histoire de l'Orient; mais, concentrés aux mains d'un individu isolé, ils sont interdits aux regards du public. Heureuse la nation qui aura la bonne fortune d'acquérir ce précieux musée! Dans un siècle comme le nôtre, où tous les arts, même les plus frivoles, rencontrent des encouragements, laissera-t-on échapper une occasion si favorable d'illustrer et de rehausser une science dont l'importance est incalculable? Ce serait une honte éternelle.

Par quel hasard, par quels moyens, demandera-t-on, ces trésors sont-ils tombés aux mains de leur possesseur actuel? En voici une courte relation.

Né en Prusse, dans le duché de Posen, M. Pietraszewski se rendit à Pétersbourg pour étudier les langues orientales. La rapidité de ses progrès attira sur lui l'attention du gouvernement russe.

---

mismatik vorlegen will, an Anzahl mehr als das Doppelte aller jener ausmachen, welche bisher in den verschiedenen Werken bekannt gemacht worden sind. Saemtliche, meines Wissens nur von Assemani, Castiglioni, Shiepati, Marsden und Fraehn beschriebenen Münzen dieser Gattung belaufen sich nicht auf vierzig, wahrend die hier erlaeuterten allein achtzig Stück betragen! » (Vide *Jahrbücher der Liter.*, *neun und achtzig band*, 1840, Wien 8º. — *Münzen der Mameluken Sultane von Ægypten in K. K. Münzkabinete, erlaeutert von Albrecht Krafft.*

Mais comment la numismatique est-elle devenue son idole ?

A Pétersbourg, il ne soupçonnait même pas l'existence de cette science.

Attaché par le gouvernement à l'ambassade russe, à Constantinople, isolé au milieu de ses collègues russes, en sa qualité de Polonais, il cherchait des distractions plus nobles que celles qui remplissaient leurs loisirs; il se créa à lui-même la numismatique; il est donc ce que les Anglais appellent *self-taught*.

Pour satisfaire son goût vers l'étude pratique de cette science, il a fait des voyages lointains dans l'empire ottoman, toutes les fois qu'il en avait l'opportunité comme drogman. De cette façon, il commença laborieusement son plan de se créer l'histoire de l'Orient en médailles : projet gigantesque, qu'il exécuta en quelque sorte. Il achetait d'abord, indistinctement, ces petits monuments des différentes dynasties, dans les divers bazars et boutiques, et principalement chez les banquiers et chez un marchand d'antiquités à Constantinople, nommé Petros. Ses agents, au risque de perdre leur tête, pénétraient quelquefois dans les réduits infranchissables des harems : on sait que les femmes, dans le Levant, entrelacent à leurs tresses, avec les diamants et les perles, des pièces d'or, plus ou moins anciennes, en sorte que ces parures de femme sont de véritables médailliers. Outre les agents intéressés par le gain, le vieux Ismaïl-Bey, ci-devant ambassadeur à la cour de Vienne, les savants Jvanoff et Garriri à Smyrne, les deux frères Guys, l'un à Salonique, l'autre à Alep; Tecco, le drogman de la légation de Sardaigne, l'ambassadeur russe Boutenieff et bien d'autres, lui venaient en aide. Au milieu des recherches assidues, M. Pietraszewski, faisant alors fonction de consul russe à Jaffa, apprend par hasard une trouvaille de monnaies antiques, près des ruines d'Ascalon, par un simple *fellah*. Après bien des difficultés de la part du rustique turc, naturellement craintif et méfiant, et au grand risque de se compromettre vis-à-vis d'Ibrahim, gouverneur à cette époque de la Syrie, qui confisquait de pareilles trouvailles, et, après les avoir fondues, en frappait de nouvelles monnaies (selon l'habitude du gouvernement local, au grand détriment de la science)[1], notre numismate parvient à acheter ce trésor. Toutes ces pièces déterrées étaient d'argent et pesaient à peu près dix-huit livres : elles présentaient, pour la plupart, les types des Mamelouks, c'est-à-dire, la dynastie complète des Baharïtes et la moitié à peu

---

[1] Depuis environ un an, les journaux ont annoncé que Mehemet-Aly vient de fonder un musée d'antiquités, au Caire.

près des Bordgites. Le reste des deniers, presque sans lettres, ou appartenant aux empereurs byzantins de la même époque, fut retranché de la collection. C'est ce qui manquait à la continuation de la seconde dynastie, M. Pietraszewski trouva autre part l'occasion plus facile de la compléter. Considérant l'ensemble de cette trouvaille, où l'on contemple à la fois une série régulière et non interrompue des princes régnant en Égypte et en Syrie pendant deux siècles, il est à supposer que, peu après l'expulsion entière des Francs de la Terre-Sainte, ce trésor du temps de Jaquemack, ou bien de Phakreddin Osman, fut secrètement confié à la terre par quelque chrétien, jaloux de le soustraire à la cupidité de ses dominateurs. C'est une des preuves que les plus grands musées du monde reposent avec les ossements de nos aïeux, dans les entrailles de la terre. Ayant pris soin de ces morts ressuscités, et après avoir mis ordre à toute son histoire métallique de l'Orient, notre savant se rendit à Pétersbourg où il fut appelé et où on lui proposait d'en faire cadeau à l'empereur, avec assurance d'un avancement rapide.

Quand il se vit persécuté à titre de Polonais, et obsédé par des personnes peu loyales qui usaient de ruses pour s'emparer de sa collection au profit du musée impérial, il s'échappa avec son trésor de la capitale du Nord, abandonna la carrière diplomatique et se réfugia dans le lieu de sa naissance où il se trouve maintenant à l'abri. La revue plus circonstanciée de son ouvrage nous fera mieux connaître son riche cabinet.

NUMI MOHAMMEDANI.

FASCICULUS 1

Continens numos Mamlukorum dynastiæ, additis notabilioribus Dynastiarum : Moavidarum, Charizmschachorum, Mervanidarum, Ortokidarum, Karakojunlu, Seldschukidarum, Atabekorum, Fatimidarum, Aiyubidarum, Hulagidarum, et regum Siciliæ. Collegit, descripsit et tabulis illustravit IGNATIUS PIETRASZEWSKI. Interpretis munere ad Legationem Russicam Constantinopoli perfunctus. Accedunt XV Tabulæ. Berolini, 1843.

Cet ouvrage contenant 159 pages in-4, dédié au prince B. V. Kotschoubey, si intéressant par une foule de nouveautés orientales, n'a été examiné jusqu'à présent que d'une manière insuffisante et en termes trop généraux dans un écrit périodique en Allemagne (¹).

(¹) Le savant Petermann, professeur des langues orientales à l'université de Berlin, finit ainsi cet article : « Wir schliessen

L'auteur, dans son livre, aussi bien que dans sa conversation, fait voir d'un coup d'œil, que sans savoir exactement ce qu'on a fait pour cette science en Europe jusqu'ici, par une pratique assidue, il s'est créé la numismatique orientale à lui-même; et c'est faute de livres en Orient, comme il l'avoue dans sa préface. Mais justement, parce qu'il est l'homme pratique dans cette voie, et qu'il possède supérieurement les langues orientales, ses notions et son savoir pourraient être bien utiles aux premiers savants de l'Europe. Pour la même raison il a ses défauts et ses erreurs, que je me propose de notifier et de rectifier, autant que possible.

Je ne suivrai pas d'abord M. Pietraszewski dans l'ordre même de son œuvre. Il commence, sans doute à cause de leur importance et rareté, par la dynastie des Mamelouks, avant les Moavides ou Ommiades, dont la domination précède celle-là de plus de six siècles. Je ne vois même aucun motif plausible pour donner le premier pas aux Charis-

---

unsere Anzeige mit der Ueberzeugung, dass der Verfasser die Bekantmachung dieser Theiles seiner so reichhaltigen und wichtigen Sammlung, deren Erwerb für ein jedes Cabinet von grossem Gewinn sein würde, der Numismatik einen wesentlichen Dienst geleistet habe, und mit dem Wunsche, dass er die Fortsetzung dieser allerdings hoechst schwierigen Arbeit dem Publicum nicht vorenthalten moege. » *Jahrbücher für wissenchaftliche Kritik.* Juli 1834, II Bd., N. 20.

machides au préjudice des Mervanides, qui les devancent de cent seize ans sur la scène du monde, et sans tenir compte des Fatymides, qui commencent à régner à peu près deux siècles plus tôt. Les pauvres Fatymides apparaissent chez lui dans le huitième rang après les Mamelouks, non-seulement derrière les Seljoucides et Atabeks, mais après les *moutons noirs* (Kara-kojounlou), qui ont pris place sur le trône cinq siècles plus tard que les Fatymides. Quoique le livre de M. Pietraszewski, sauf l'explication des inscriptions arabes, ne s'élève pas au-dessus de la sphère des catalogues peu raisonnés, ces confusions y sont impardonnables. Dans une science, qui fournit des sources à l'histoire, on respecte communément la vieillesse, et l'on y doit observer la préséance chronologique avec plus de scrupule encore que les maîtres de cérémonies à la cour dans l'introduction successive des personnages, selon qu'ils représentent les couronnes plus ou moins puissantes. Mais remontons d'abord à l'origine des monnaies koufiques, dont l'auteur ne nous dit pas un mot.

On sait qu'il n'y a pas de traces de l'existence de médailles arabes avant l'établissement de l'islamisme. Barthélemy [1] admet qu'avant cette épo-

---

[1] *Dissertation sur les médailles arabes*, par M. l'abbé Barthélemy. *Mémoires de l'Académie*, etc., volume XXVI.

que, les princes arabes, dominant dans le voisinage de la Syrie, devaient frapper les coins avec des inscriptions grecques, langue que parlaient la plus grande portion de leurs sujets. Cette conjecture trop hasardée ne peut soutenir l'assaut de la critique. Le peuple arabe, dont la majorité menait la vie de pasteurs, comme les Turcs et les Tatars, n'avait pas besoin d'argent du pays : on y échangeait le superflu contre les commodités, comme cela se pratique aujourd'hui aux environs de Tobolsk, Irkoutzk, en Sibérie, dans la Tartarie indépendante, et même dans nos colléges parmi les écoliers, faute d'argent ; — ou bien dans le commerce extérieur on employait des espèces étrangères. Il sentit encore moins le besoin de les battre, lorsque l'esprit belliqueux s'empara de son âme : sans cela, Mohammed, avec son talent, n'eût pas été capable de le conduire à de si grandes conquêtes : le grand homme d'action est toujours l'expression de la grandeur de sa nation.

Il n'y a pas plus de valeur dans les conjectures, que plusieurs savants nourrissent avec plaisir, comme quoi Mohammed en qualité de législateur et de conquérant, en méditant de fonder un si grand empire, devait nécessairement penser à des monnaies nationales, et parce qu'on ne les découvre pas jusqu'ici, ce n'est pas une raison de dire qu'elles n'existaient point pendant sa vie, mais qu'il est trop difficile de les trouver. S'il en eût été ainsi, la piété et l'adoration seule du prophète, qui n'ont point de bornes parmi ses prosélytes, auraient préservé ces saintes reliques de la destruction.

Nous connaissons quelques chefs de nations, entre autres Rourik, Piast et Ringold, qui, sans frapper leurs propres monnaies, sans savoir même lire et écrire, devinrent les fondateurs de leurs nations.

Le besoin pressant et impérieux, dit l'adage, est la mère de l'industrie : la nécessité créa tout. Un peuple guerrier, maître des richesses des nations subjuguées, par le droit de la guerre, et jouissant de toute abondance, dont il rêvait seulement l'existence au paradis, n'était nullement stimulé par cette nécessité ; il n'avait pas le temps d'y penser avant qu'il fût établi, qu'il devint pacifique, qu'il commençât à jouir de son bien-être, et à spéculer pour en accroître les ressources. Makrizy nous parle d'une tradition, d'après laquelle le prophète aurait déclaré vouloir conserver à chaque nation conquise ses propres coins : car on ne détruit pas impunément de sitôt les habitudes et les idées d'une masse de peuples.

Peu à peu, quand la nécessité força les Khalifs de statuer quelque chose sur les monnaies de leur empire, ils ont abandonné cette besogne aux entrepreneurs étrangers et spécialement aux Juifs. Il ne s'agissait pas alors de signes purement arabes, mais seulement que l'espèce fût locale : ce besoin avec le temps devait se faire sentir de plus en plus. La politique en imposait l'obligation, pour qu'elle soit en outre du goût général de l'époque, comprise et déchiffrée non-seulement par les peuples hétérogènes situés sous leur régime; mais aussi par des nations, avec lesquelles leurs sujets faisaient le négoce. Voilà la première source de la fabrication des monnaies déjà existantes dans cet empire et puis de l'émission des pièces bilingues, où l'on observe à côté des types calqués sur les modèles indistinctement grecs ou latins, des lettres koufiques ou arabes. L'opinion de Tyschen au sujet de ce mélange des langues mérite notre attention [1].

Il croit « que ces coins ont été frappés, soit par des chrétiens, en vue de spéculation commerciale, pour en faciliter la circulation dans l'empire des Khalifs, soit par leurs sujets chrétiens, réduits à cette extrémité par la force et la crainte. » Il me semble que le temps découvrira un jour, comme quoi les Vénitiens, les Génois et les Pisans y prenaient part, et surtout les premiers. Mais ceci

---

[1] Pag. 96 de l'ouvrage précité.

appartient aux mystères politiques des Doges de Venise ou plutôt à ceux du Conseil des Dix. En un mot, on y voit une fusion distincte d'opinions, une sorte d'alliance et de tolérance mutuelle, basée sur le bien commun, où on suspend la querelle des principes. Si ces médailles n'ont été frappées que par des chrétiens, ce fait significatif démontre, soit leur cupidité, ou bien une certaine capitulation ; c'est ce qui est plus probable de la part des plus faibles, des vaincus. Le cas pareil arrive toujours chez les marchands, l'intérêt dicte leur conduite. Quoi qu'il en soit, cet événement manifeste aussi la générosité et la sagesse de vainqueurs. Cette hypothèse me paraît d'autant plus vraisemblable, que l'édit du pape Innocent IV défend aux Chrétiens, sous peine d'excommunication, de frapper semblables monnaies.

Les Arabes donc ne fabriquaient pas eux-mêmes les coins à la première époque. Ce qui justifie encore plus nettement cette assertion, c'est que sur les médailles, qui sont reconnues appartenir aux premiers khalifs Ommiades, en Syrie et en Espagne, aux Fatymides et Abassydes, on ne trouve jamais les images. Cette loi prescrite par le Cour'ann n'est violée que plus tard, par des barbares, devenus Mohammedans, savoir : par les princes Seljoucides, Ortokides, Atabeks, Ayoubides et Houlaguides.

Posons, par conséquent, pour principe que les deniers bilingues furent fabriqués, tantôt à l'étranger, tantôt dans le pays, par des chrétiens et des juifs, avec la connivence seulement du gouvernement, et puis avec la licence accordée aux entrepreneurs monnayeurs, licence qu'ils durent bien payer. Ordinairement les pièces forgées à l'étranger ne portaient ni date ni nom d'hôtel des monnaies.

Effectivement, il n'y a pas d'accord entre les savants, quant à ces pièces bilingues greco-koufiques. Sestini [1] et Adler [2] les enregistrent dans la liste des médailles byzantines. Marchant [3] incline vers l'opinion opposée. Il dit : « Tout considéré, il est probable que ces monnaies ont été frappées par les premiers califes, avant l'adoption du système monétaire, qu'ils ont commencé à mettre en usage en 696 de J.-C., 76 de l'Hégire. » Castiglioni [4] ne veut céder les coins de cette sorte à personne, qu'à Abdul-Malek, et Frachn, dans la revue de l'ouvrage de ce dernier savant, suit volontiers son opinion, aussi bien que de Sacy dans sa critique [5] sur les travaux de Marsden, *Numismata Orientalia*. Mœller

---

[1] *Sestini lettere*, tom. II, pag. 97.
[2] *Nova coll.*, pag. 170.
[3] *Mélanges de numismatique et d'histoire*, pag. 6.
[4] *Monete cufiche*, pag. 46 sq.
[5] *Journal des savants*, sept. 1825, pag. 525.

se contente de dire que c'est un point en litige et n'ose pas trancher la question (¹). Mais sur les médailles arabo-grecques, je crois, le savant de Saulcy a devancé, à bien des égards, tous les orientalistes, et je renvoie les amateurs à ses observations lucides sur cette intéressante matière (²). J'ai eu l'occasion d'observer plus de vingt pièces byzantino-koufiques avec les portraits impériaux, dans la collection de M. Pietraszewski (il les passe sous silence dans son catalogue); — elles font presque ombrage par leur conservation la plus désirable et le vernis antique, à celles du même genre publiées sur les planches de Marsden et Adler.

Ainsi, on ne peut pas indiquer avec certitude quel numéraire, s'il y en avait, circulait en Arabie avant la treizième année de l'Hégire : il en est autrement avec la Syrie et l'Égypte. On peut asseoir ici son jugement sur des bases plus solides. Le khalif Omar ayant conquis la Syrie, en confia le gouvernement au brave Chaled ; dont on aperçoit aujourd'hui le tombeau à Homs (Hemes), le rendez-vous du repos et des prières, bien connu de tous

---

(¹) *De numis Orientalibus*. Gothæ, 1826, in-4, pag. 11.
(²) *Lettres à M. Reinaud, membre de l'Institut royal de France, sur quelques points de la numismatique arabe*, par M. F. DE SAULCY, capitaine d'artillerie, etc. Paris, 1839. (Extrait du *Journal Asiatique*, III⁰ série.)

les pieux pèlerins ou derviches. Les espèces Byzantines y circulant alors, à ce qu'il paraît, n'ont pas changé leur forme tout de suite : la politique prévoyante imposait ce devoir, mais elles ne pouvaient rester longtemps dans leur état primitif. Bientôt on trouve d'un côté des deniers quasi arabes, les monogrammes, et au revers l'empreinte d'une effigie en pied, ou d'un buste, avec l'épée ou un bâton quelconque, le nom d'une ville sans date, où on fabriquait, aussi bien que cette inscription : جابز c'est-à-dire, djaïs : *bon pour circuler*.

En Égypte, lorsque A'mrou, envoyé par Omar, a fait la conquête de ce pays, l'an 20 de l'Hégire (641 de l'ère vulgaire), il y établit de suite les impôts en dynars. Sur ces dynars on lisait alors des légendes persanes : comme sous la domination romaine les monnaies usitées dans cette contrée les portaient en grec ou latin, et en remontant plus haut dans l'antiquité, aux successeurs d'Alexandre, en grec seulement. Outre cela, du temps d'Omar, les deniers étrangers d'or, et principalement Byzantins, au dire des auteurs arabes, ont circulé en Égypte ; ils portaient le nom *heracla*, de l'empereur Heraclius, dont l'avénement date de l'an 11 de l'Hégire (610), et qui est mort l'année 21 de l'Hégire, c'est-à-dire peu après que l'Égypte lui eut été enlevée. Aussi les sequins de Venise et de Gènes y avaient un libre cours.

A partir de ce moment, la monnaie locale devait encore subir des révolutions avant de devenir koufique : néanmoins, sans exclure la circulation étrangère, elle était destinée à absorber tout autre système monnayé.

Les deniers arabes à moitié chrétiens commençaient à changer : la fierté musulmane, la politique et la haine réciproque, s'envenimant de plus en plus, ont dicté à coup sûr cette transmutation. Alors, au lieu de monogrammes, les branches du palmier, le fer de cheval, la lune, la couronne, les boutons de fleurs, et même le labarum commencent à se montrer d'un côté, et la formule simple du Dieu unique remplaçait le portrait de l'autre côté.

L'esprit de provocation et d'imitation de ces monnaies arabes fait reproduire des inscriptions analogues en langues arabe, grecque, latine, etc. ; c'est ce qui accuse partout l'influence immense des Musulmans. Les opinions changent : les maîtres séculiers disparaissent des monnaies du monde chrétien : c'est Jésus-Christ, la Sainte-Vierge, St-Pierre et une foule de saints, qui gouvernent longtemps les états d'Occident dans le moyen âge. Rien ne dépeint si bien l'esprit de ces siècles, que les monnaies contemporaines ; elles nous introduisent pour ainsi dire dans les temps et lieux les plus reculés, et nous rendent familiers aux événements (¹).

(Je ne prétends pas que les symboles religieux ne marquaient pas les médailles chrétiennes, et principalement dans le Bas-Empire. On connaît aussi la croix de Charlemagne bien avant la guerre générale de l'Occident contre l'Orient : les idées religieuses devaient dominer les peuples avant d'en venir aux mains. Mais les guerres des croisades, par l'esprit d'antagonisme passionné, ont multiplié à l'infini ces types dans tous les pays de l'Europe. D'abord ils prédominent en Espagne et se répandent en France, en Italie, en Angleterre, en Allemagne, dans les Pays-Bas, en Danemark, en Suède, en Norwège, en Pologne, en Hongrie et en Bohême. Les coins servaient maintes fois d'instrument de propagande, de proclamation et de provocation. L'exemple frappant en est sur la pièce d'Alfonse, fils de Sanche, où les dogmes de notre religion sont proclamés en arabe. Les Grecs sur leurs monnaies disaient : Χριστος νικα, les Latins : *Christus vicit*, et les Arabes la même chose dans une autre formule. Les Croisés marièrent l'empreinte grecque et

---

(¹) Pour se faire une idée plus exacte du caractère des monnaies du moyen âge, consultez l'ouvrage immortel de Joachim LELEWEL : *Numismatique du moyen âge, considérée sous le rapport du type*. Bruxelles, 1835.

arabe, à l'instar des Mohammédans : Κυριε βοηθει Τανκρεδῳ, *Domine, salvum fac Tancredum*, — Κυριε βοηθει Ρικαρδῳ, — Ιησους Χριστος νικα, etc. Il serait trop long d'énumérer les images de Jésus-Christ, de Notre-Dame, de St Pierre, de St Georges, et de tous les saints patrons de nations et de villes, aussi bien que les diverses légendes pieuses qui ornent les monnaies en Europe au moyen âge. Les noms et les images de souverains laïques et spirituels, accostés de *Dei Gratiâ*, dépossèdent insensiblement les habitants célestes. Les papes et les évêques, qui seuls s'élevaient à de si hautes positions sociales en partant des plus basses conditions, et dominaient les souverains et les peuples, dès qu'ils furent épris des vanités mondaines, perdirent leur prestige, et les évêchés peu à peu devinrent les apanages des fils cadets de princes et de grands. Ce n'est qu'après les guerres des Croisades, que cette transmutation significative s'opère par degrés ; les signes profanes de la pompe royale remplacent les symboles saints : car le pouvoir central cherchait à se consolider, jaloux de ce que, sous le manteau divin, l'esprit d'égalité et de liberté commençait à darder ses rayons sur les peuples ignorants, à travers les nuages des principes religieux. Le principe d'État s'efforçait de dominer celui de la religion, qui lui devint subordonné : les ecclésiastiques, à leur insu, conspiraient pour hâter cette crise nouvelle. En un mot, le contact de l'Europe avec l'Orient la rendait excessivement religieuse, et inspirée par les mêmes idées comme un seul corps; mais la lutte terminée, elle se replonge dans le matérialisme organisé et se divise derechef. L'humanité semble se plaire à créer des entraves continuels à ses progrès pour s'agrandir et avancer. Mais nous avons anticipé sur les événements pour observer leur long enchaînement et la combinaison philosophique : retournons à la question.

Après la conquête de la Perse, les monnaies arabes y ont passé par des gradations analogues à celles dont nous venons de parler. Il paraît indubitable que les premiers conquérants arabes ont respecté les pièces des Sassanides ; — ils n'ont pas voulu d'abord les changer, ni quant à la forme, ni à l'égard de l'inscription qui était dans la langue de pelhvi ou pechlevienne (langue mère de l'ancienne Médie), en ajoutant toujours leur nom écrit dans le même idiôme. J'ai eu sous les yeux quelques pièces sassanido-koufiques de la collection de M. Pietraszewski : il n'en fait pas mention dans la première livraison de son ouvrage, dont la suite ne paraîtra probablement jamais, vu la position de l'auteur. Deux portent les noms d'Omar et de Saïd. Le temps ne m'a pas permis de débrouiller les inscriptions mélangées des six autres. Il y en a une purement persane, de la même espèce que le savant Longperrier, dans son ouvrage sur les médailles des Sassanides, attribue à Cozroes.

LA DYNASTIE DES OMMIADES.

Cette dynastie, appelée autrement des Moavides, posséda le khalifat dès l'an 41, jusqu'en 132 de l'Hégire. Moâvia est son fondateur. Elle fut renversée par les Abassydes (¹) qui exterminèrent cette famille. Il n'en restait qu'Abderrhaman, qui se sauva en Espagne et fonda dans ce pays une nouvelle dynastie d'Ommiades. Je regrette beaucoup que l'auteur n'ait pas produit plus de médailles inconnues de cette première dynastie. Quoiqu'il la possède au complet, en cent quatre-vingt-douze

(¹) Dans cette livraison, M. Pietraszewski ne touche pas même cette dynastie, dont il possède la première branche presque entière. Elle se met à la tête de l'islamisme l'an 132 et finit à Bagdad l'an 654 de l'Hégire (1258 de notre ère), c'est-à-dire qu'elle règne pendant 524 ans. Les Abassydes, dont le khalifat fut réinstallé en Égypte par les Mamelouks, ne s'éteignirent qu'en 945 de l'Hégire (1538), dans la personne de Motaou-akkel, le dernier des khalifs. Le professeur Stickel de Jena, dans son ouvrage nouvellement publié sur les Abassydes, fait voir combien il a su profiter de l'inspection momentanée du musée de notre orientaliste à Dresde en 1844.

pièces, dont trois sont d'or et sept d'argent, il n'en offre que sept inédites. Il est à regretter aussi qu'il n'indique nulle part le poids de ses monnaies.

Ce que je viens de dire de la conservation de la langue pelhwi par les Arabes, à la première époque numismatique, est confirmé par une médaille du cabinet de M. Pietraszewski, battue l'an 52 de l'Hégire, par l'ordre de Zeiiad-Ben-Abou-Sofian. Elle fut lue et analysée avec adresse par M. Olshausen (¹). Quoiqu'elle surpasse celle de Stockholm, et se proclame la plus ancienne qui existe dans la numis-

---

(¹) Voyez *Nachricht von der aeltesten, bis jetzt bekannten Arabischen Silbermünze*, dans l'écrit périodique : *Zeitschrift für Münz-Siegel- und Wappen-Kunde herausgegeben von* Dr B. KOEHNE. Berlin, Posen und Bromberg. 1844, pag. 567. Dans cet article, entre autres, l'auteur dit : « Die Zahl bezieht sich unzweifelhaft auf die Æra der Hig're, und die Münze ist somit acht Jahre aelter als die aelteste bisher bekannte Silbermünze der Araber, und darf als ein'wahrer Schatz in der an Seltenheiten so reichen Samlung des Hern Dr Pietraszewski angesehen werden. » Une médaille de la même dynastie, forgée par Abdul-Malek entre l'an 64 et 86 de l'Hégire, Londres l'a achetée de Berlin pour 100 liv. (2,500 fr.). D'après l'estimation des médailles grecques et romaines par le savant Mionnet, où on rencontre des pièces qui valent 3,000 fr., en proportion, on ne l'a pas achetée trop cher. Mais je demande maintenant aux numismates quelle sera la valeur d'une médaille du premier fondateur de la même dynastie, et surtout en observant qu'elle n'est pas ici isolée, mais avec ses suivantes représentant la série d'une dynastie complète ?...

matique orientale, les Numi-Mohammedani de notre auteur ne font point mention de ce joyau de la collection. Nous avons imprimé son image sur le frontispice.

Les coins en cuivre des Ommiades sont extrêmement rares. Assemani, Tyschen, Castiglioni et Marsden (pag. 12, n° 10, pag. 14, et n° 12, pag. 134), nous les ont fait connaître en très petite quantité. L'évêque Münter, en Danemark, possède quelques pièces de cette sorte; et on en trouve une couple *in numophilacio Gothano*. Fraehn n'a réussi qu'à en découvrir une seule toute petite ([1]). Autant que ces pièces sont expliquées, elles portent communément le nom du khalif et la date. Il y a cependant *numi chalifarum Ommijadarum incerti*, énumérés par J.-H. Moeller ([2]). M. Pietraszewski en publie pour la plupart de semblables (n° 249-255). Parmi celles-là, le n° 249, en cuivre, qu'il donne pour la monnaie de *Chaled*, خالد ; Moeller voudrait y lire خابر (Dschaber), en demandant qu'est-ce que cela veut dire? Nous croyons que c'est جايز (djaïs), la même formule que nous avons vue sur les bilingues byzantino-koufiques, frappées aussi à Damas.

([1]) *Quinq. cent.*, n° 43.
([2]) *De numis Orientalibus*. Gothæ, 1826, in-4, pag. 49-50.

Ainsi nous lisons en arabe, d'un côté : « *Dimeschk. bon.* » et au revers : « *Il n'y a que Dieu seul.* » C'est une pièce brune : voyez-en l'image n° 𝟏. (N. B. *Pour ne pas confondre les citations des planches de M. Pietraszewski et d'autres auteurs avec les nôtres, nous indiquerons toujours les numéros des images reproduites sur nos planches en chiffres gothiques.*)

Dans le n° 250, nous voyons, non pas le drapeau, mais le palmier bien dessiné. L'inscription sur cette pièce en cuivre offre : « *Dieu est seul le Dieu éternel.* » La légende : « *Il n'y a que Dieu unique, il n'a point de compagnon.* » Au revers : « *Mohammed est apôtre de Dieu.* » La légende : « *Ce denier est frappé l'an...* » Voyez n° 2. Au contraire, si le n° 252 représente le chevalier tenant un bouclier d'après la description, pag. 68 (c'est ce qui serait contre l'usage de cette dynastie), le dessin en serait inexact. Nous croyons cependant que le dessin est bon, et que l'imagination de notre orientaliste s'est aventurée trop loin : car, après la lecture de l'inscription, il n'en reste plus rien que le signe ⌒ ([1]).

L'épigraphe d'un côté s'y laisse lire d'après la formule précédente ; au revers : « *Mohammed est apôtre de Dieu.* » Le signe qui reste ne représente-t-il pas

---

([1]) Cf. MOELLER, IV, XVII, pag. 50, loc. laud.

le fer d'un cheval? C'est une pièce brune. *Voir* le n° 3.

Si le dernier n° 254 est Ommiade, comme M. Pietraszewski le donne, il s'ensuivrait qu'il faut faire remonter la fabrication des monnaies koufiques à une date plus ancienne et l'usage d'exprimer le titre du khalifat. Voici la version de son inscription arabe : « *Il n'y a Dieu que Dieu, Mohammed est apôtre de Dieu.* » Et de l'autre côté : « *Abdulmelik, fils de Jezyd, khalif de Dieu.* » C'est un denier en cuivre de la conservation la plus remarquable : voyez-en l'image n° 4. Quoiqu'il soit sans date, en envisageant ses lettres, qui ne sont pas si faciles que du temps d'Abdulmalek, fils de Merouan, et en confrontant son type, sa forme et toute sa physionomie avec les autres, il est à présumer qu'il est de cette époque, fabriqué entre l'an 60 et 64 de l'Hégire, au moment des guerres civiles. C'est un Abdul-Malek, fils de Yezid. Yezid était le fils de Moavia, tandis que Merouan ne fut que le cousin de Moavia, et succéda au trône après le fils de Yezid. Pendant l'interrègne survenu après Moavia, fils de Yezid (l'an 64, 683 de J.-C.), un autre fils de Yezid, Abdul-Malek, devait lui succéder sans être reconnu peut-être par tout le monde, et fabriquer les monnaies en son nom pendant l'usurpation d'Abdullah. Si cela est ainsi, le fils de Merouan, un autre Abdul-Malck, doit céder la place à son cousin patronimique, quant à l'origine des monnaies arabes unilingues. Nous soumettons cette correction historique au jugement scrupuleux des orientalistes pour rétablir définitivement cet événement à sa place.

LA DYNASTIE DES FATYMIDES.

Les Aglabites régnèrent en Afrique. Défaits par Mohadi Obeïd Allah, ils furent dépossédés, et le vainqueur donne naissance à la dynastie de Fatymides, en prenant le titre d'Imâm ou khalif. La ville Mehadie, qu'il fonda, fut sa capitale : mais, sous ses successeurs, elle a été transférée, après la conquête de l'Égypte, au Caire. qu'ils bâtirent. Ils ont conquis aussi la Sicile sur les Aglabites, bien des villes en Syrie, et furent constamment les ennemis déclarés des khalifs Abbassydes qui régnèrent à Bagdad. Ils eurent souvent des démèlés avec les Francs au temps des Croisades, qui leur enlevèrent bien des places. Cette grande famille de la secte de Chiites n'est pas bien connue eu Europe sous le point de vue numismatique, quoiqu'elle ait régné en Égypte durant 271 ans, depuis l'an 296 (908) jusqu'en 567 (1171), et comptait quatorze soudans.

Selaheddin (Saladin) lui asséna le dernier coup de grâce (¹).

Les pièces vitrées les mieux conservées, un nombre d'or (dont on voit dix-neuf sur les planches), les plus rares d'argent, de cuivre et de plomb, de la domination des Fatymides, font un des plus grands mérites du musée de M. Pietraszewski : elles forment un tout complet; il ne lui manque que le dernier Imâm, qui n'est pas rare et se trouve à Londres. Effectivement cette dynastie n'était connue en Europe jusqu'ici, que dans les médailles d'or. L'ouvrage N. M. en reproduit cinquante-huit de toute espèce : la collection en compte quatre-vingt. Depuis le n° 342 jusqu'à 406, nous observons presque toutes les médailles inédites, sauf le n° 380, reproduit par Mainoni, mais fabriquée à Mysr-fi-Dschumazy-el-ewwel, et les n°⁸ 385, 390, 397 (mais battue à Iskenderieh), et 403 par Castiglioni.

La pièce vitrée n° 353 d'El-Hakim-Aly-Mansour, celle de 354 d'Ez-Zaher-el-Izaz, et quelques suivantes, sont bien significatives, autant qu'elles devaient avoir infailliblement leur cours dans le pays,

---

(¹) Elle est à peu près complète au musée de Paris et riche en quantité de pièces d'or. C'est l'illustre Reinaud qui l'examina, et à présent le savant Longperrier, sous sa direction, continue ce travail.

comme la monnaie courante métallique ; et c'est parce que le nom de l'Imâm régnant et les formules de Cour'ann usitées sur les médailles d'or s'y laissent lire implicitement. Leur couleur variée devait aussi signifier quelque chose dans son temps. Nous reproduisons ici la pièce jaune-foncé, n° 5, où on lit en arabe en tête de la médaille : « *Imâm el-Hakim Beemrillah, émir des fidèles, et Aly désigné son successeur au khalifat.* » — La légende est méconnaissable ; — au revers : « *Il n'y a que Dieu seul.... de Dieu.* » Il faut sous-entendre : Mohammed est apôtre. Sur une pièce bleue, n° 6, il n'y a que l'inscription d'un côté, qui veut dire : « *Imâm Maad Abu Temim el - Mostanser Billah, Émir des croyants.* » Et sur une autre pièce, n° 7, de couleur rouge, on lit, au milieu d'un cercle, l'inscription : « *Émir des fidèles,* — entouré d'une légende: « *Imâm Maad Abu Temim el-Mostanser Billah.* »

Les nos 370, 371, 372 et 373, quatre pièces vitrées, représentant, pour ainsi dire, le numéraire et, par conséquent, différentes des précédentes (qui furent à l'instar des monnaies réelles), sont de la plus haute importance. Leur bon état fait constater visiblement qu'elles remplaçaient des espèces monnayées. Mais il reste à résoudre dans quel but. Est-ce pour représenter les pièces d'or, en indiquant leurs poids, comme les inscriptions le disent? Je crois qu'en marchant à tâtons sur ces traces nous devrions arriver à la première origine des assignats, source de bienfaits et de calamités incalculables, qui centuplent maintenant les capitaux du monde. Et de cette découverte gigantesque nous sommes redevables aux Orientaux....

Les deux pièces vertes n°s 8 et 9, M. Pietraszewski les interprète ainsi. Sur la première il lit : « *Ex iis, quos cudi jussit el- Emir Chabchab... quadraginta sex. abundantis Cherubeh.* » Et sur l'autre : « *Ex iis* (sc. numis) *quos cudi jussit Hinnan? filius Scherifi? pretium dinari abundantis.* » C'était donc une créance de l'État qu'on devait liquider dans un certain temps. S'il y avait des assignats, l'agiotage devait avoir lieu aussi! Reste à savoir : combien en a-t-on émis de pareils? Dans quelles circonstances ces dettes furent-elles contractées? Dans quel laps de temps elles furent amorties partiellement, ou en entier? Enfin, quels étaient les revenus et les dépenses de l'État? etc.

Les coins en verreries (n°s 374, 375 et 376) de couleurs variées nous procurent une nouvelle surprise. Que dénotent les chiffres qu'ils portent? Est-ce qu'ils ne signifiaient pas la même chose que نَقْدٍ, c'est-à-dire une espèce de bon ou de contre-marque, que le gouvernement distribuait au peuple, dont la couleur, la grosseur et les chiffres imprimés indiquaient quel objet et dans quelle quantité on devait la livrer au porteur.

Voici la version de M. Pietraszewski de la pièce vitrée, couleur brune n° 10 : « *Pro septem factum Farrudschi.* »

Le n° 379 nous frappe encore davantage et ne laisse plus de doute qu'en Orient on a fabriqué des médailles pour célébrer les victoires.

Nous reproduisons cette curiosité n° 11 sur nos planches. Cette médaille est faite en composition d'argile; on y lit : « *Victoire célèbre l'an cinquante.* »

Nous laissons aux savants plus expérimentés le soin de traiter à fond cette matière et de trancher toutes ces questions.

A ma connaissance, aucun orientaliste n'a pas encore parlé jusqu'à présent des médailles vitrées comme d'argent, ni des pièces frappées en Orient en mémoire de quelque événement glorieux. Il n'y a que Makrizy, qui fait une mention légère des assignats, et ceci d'une façon équivoque et sous des doutes accablants [1].

Nous gratifions le lecteur de cinq images des monnaies appartenant aux Fatymides, dont voici l'explication. La première d'or, n° 12, fut déjà

---

[1] *Voyez* son *Traité sur les monnaies arabes,* traduit de l'arabe par M. De Sacy.

déterminée par Mainoni (p. 108, tab. III. n° 2.); mais elle atteste avoir été publiée « *à Mysr fi Dschumazy el- ewwel l'an 361.* » (971 J.-C.). Sur le n° 13, pièce d'or, on aperçoit d'un côté l'inscription et légende semblables à celle de Castiglioni, n° LXXXII. Mais au revers on y lit : « *Maad Imâm Abu Temim el-Mostanser Billah, Émir des croyants.* » — et la légende : « *frappé à Mysr. l'an 463.* » (C'est-à-dire 1070 J.-C.) L'image n° 14, d'un denier en cuivre, offre l'inscription d'un côté : « *Imâm Maad Abu Temim el-Mostanser Billah, Émir des fidèles.* » Sur les marges la sentence est inachevée, et de l'autre côté : « *Il n'y a que Dieu seul, Mohammed est apôtre de Dieu. Aly est ami de Dieu.* » La médaille suivante d'or, n° 15, s'exprime ainsi : « *Maad.* » (Il faut sous-entendre *Aly*) « *est serviteur et ami de Dieu. Imâm Abu Temim el-Mostanser Billah, Émir des croyants. Aly.* » Outre cette inscription la légende offre : « *forgé à Iskenderieh, l'an 480.* » (1087). Au revers on lit l'inscription : « *Aly. Il n'y a que Dieu unique, il n'a point de compagnon. Mohammed est son apôtre,* » etc. Enfin le n° 16 représente aussi la pièce d'or : elle est semblable à celle expliquée par Castiglioni n° CCXXVII (p. 273); mais elle proclame avoir été forgée « *à Mysr l'an 493.* » (1101 J.-C.).

Depuis onze ans Jérusalem était déjà occupée

par les Francs ; depuis six ans ils avaient pris d'assaut Akka, où ils s'étaient rendus sur une flotte de 90 vaisseaux ; enfin il y avait deux ans que Baudoin assiégeait Seïd (l'an 501 de l'Hégire, 1107 de J.-C.), lorsque la pièce d'or n° 404 fut frappée à Ischenderieh.

LES MERVANIDES.

Un kourde, brigand de profession, forma une bande formidable, attaqua et pilla les caravanes de marchands à Diarbekr, s'empara de ces contrées, et donna naissance à une dynastie d'Émirs de ce nom l'an 374 de l'Hégire : les Seljoucides l'ont exterminée. Elle est très curieuse par ses méfaits, et parce que son règne ne dura pas tout à fait un siècle, en donnant seulement six princes. La collection de M. Pietraszewski en possède cinq : mais il n'en reproduit que trois ; leurs légendes sont plus verbeuses que les autres. Ces deniers sont vraiment charmants (n° 257-260).

Voici l'explication d'une médaille d'argent de grand module n° 17 : « *Il n'y a que Dieu unique, il n'a point de compagnon. Mumehhid-eddaula Abu Mansour.* » Cette épigraphe entoure la légende : « *Au nom de Dieu! ce dyrhem est frappé à* . . . .

597. » (1006 J.-C.) « *à Dieu.* » Au revers : « *Mohammed est apôtre de Dieu. Que Dieu le bénisse et sa progéniture! el-Kadyr Billah.. Roi Beha-eddaula Kotb el-Millah.* » La légende incomplète ne laisse que : على الديں الٔ

LA DYNASTIE DES SELJOUCIDES D'IKONIUM [1].

C'est Souleyman (Soliman) fils de Coutoulmisch, qui fonda cette dynastie, appelée par les Arabes les Seljoucides de Roum : elle régna à Ikonium pendant 234 ans, depuis l'an de l'Hégire 467 (1074) jusqu'à 708 (1308), comme leurs médailles l'attestent. Les auteurs grecs et latins du temps des Croisades, les nomment persans à tort, par cette raison, qu'ils venaient de la Perse, où ils relevaient des Seljoucides persans, pour chercher fortune dans l'Asie mineure.

Au fait, ils étaient Turkomans. Ils eurent souvent affaire avec les Grecs, comme voisins, et plus

---

[1] Il faut distinguer de ceux-ci les Seljoucides d'Alep régnant depuis 471 (1078) jusqu'en 511 (1117) de l'Hégire, qui comptent quatre soudans et dont la domination tombe dans celle des Ortokides, rois de Maradin; — aussi bien que les Seljoucides de Damas, depuis l'an 488 (1095) jusqu'à 549 (1154), qui avaient neuf sultans. — Toutefois le tronc principal de cette famille est à Ikonium.

tard avec les Francs, qui traversèrent leurs États pour se rendre dans la Palestine. Les Mongols affaiblirent cette dynastie en nommant et déposant les princes d'Ikonium selon leur caprice.

Une médaille du fondateur de cette dynastie fait partie du musée de Mainoni ; le reste, une série presque non interrompue de ces princes se trouve dans celui de M. Pietraszewski. Ces monuments sont d'autant plus curieux pour nous, que plus de six cent mille chrétiens sont tombés sous les flèches de leurs armées ; ce qui fait en même temps leur gloire et nous inspire l'intérêt peu commun de les connaître dans ces belles dépouilles. Il y en a ici de remarquables de Souleyman (n° 290 et 291), de Kaïschosrou (n° 292) battu à Malatia, de Izzedin Kaïkaus (n° 294) fabriqué à Afiun (Kara Hissar) ; et de Kaïkobad (n° 295) forgé à Konieh, et à Syvas (n° 296), etc.

Le n° 283, par sa vétusté même, est de la plus haute importance ; et d'autant plus les pièces n° 303 de Kaïkobad et le n° 304 de Kaïschosrou comme inconnues jusqu'à présent dans la numismatique musulmane. La médaille n° 306 est de Izzeddin Kaïkaous le second, le même, qui, ulcéré par la conduite des Mongols, se réfugia auprès de Michel Paléologue et conçut chez lui le vaste projet de s'emparer de la capitale du Bas-Empire.

Emprisonné à Aïnus, par l'empereur, il dut sa délivrance à Mengou Timour, khan de Kaptchaq.

L'auteur a malheureusement réservé, pour sa seconde livraison, plusieurs autres coins inconnus de cette branche : — quelques-uns portent les inscriptions qui coïncident avec celles que l'on observe aujourd'hui sur les ruines de Konieh. Castiglioni s'étend beaucoup sur cette dynastie, mais à tâtons : et Fraehn l'a à peine touchée; car la Russie n'en a pas du tout. Le cabinet de M. Pietraszewski en compte 57 médailles d'argent et 66 en cuivre : mais il est trop avare, à ce qu'il paraît, pour nous faire voir dans son ouvrage plus de vingt-huit pièces. Nous sommes moins fortunés encore; nos moyens ne nous permettant que de reproduire cinq médailles des Seljoucides, que voici :

L'image n° 18, d'un côté, représente un chevalier tirant le javelot sur l'arc. Au revers, l'épigraphe offre : « *Le suprême sultan Kilidsch Arslan, fils de Mass'ud.* » C'est une pièce brune très notable. Sur la médaille d'argent n° 19, on lit d'un côté l'inscription : « *Le suprême sultan Izzeddunïa veddin Abu-el-Fatch Kaykaus, fils de Kaychosrou.* » Au revers : « *La puissance vient de Dieu !* » avec la légende : « *frappé dans la ville Afiun* » (c'est-à-dire à Kara Hissar.) « l'an 608. » (1211 J.-C.). Le n° 20 représente l'effigie d'un enfant au milieu d'une légende : « *Le suprême sultan Elaeddin Kaykobad, fils de Kaychosrou.* » De l'autre côté, lisez ainsi l'épigraphe : « *Imâm el-Mostanser Billah, Emir des fidèles el-Melik el-Mansour.* » Avec la légende : « *Six cent vingt* » (sous-entendu : *quatre?* c'est-à-dire, l'an 1226 J.-C.). C'est une médaille en cuivre d'une grande dimension. Le n° 21 offre aussi une tête, autour de laquelle on déchiffre la légende : « *Le suprême sultan Elaeddunïa veddin Kaykobad, fils de Kaychosrou.* » Au revers l'inscription porte : « *Imâm el-Mostanser Billah, Emir des fidèles el-Melik el-Mansour.* » et la légende : « *l'an* 631. » (1233). C'est une pièce brune. La description de la médaille d'argent n° 22 de Kilidsch Arslan IV, est donnée par M. Fraehn, qui la taxe parmi les plus rares.

LES SULTANS DE KHARIZME.

Cette dynastie formidable, issue de Cothbeddin Mohammed, esclave turkoman qui, au dire des historiens, sans l'incursion de Genguis-Khan sur ses États, aurait soumis toute la Tartarie et la Chine, n'a qu'un seul représentant très précieux (n° 265) au musée Pietraszewski, frappé à Bochara.

LES ORTOKIDES A MARADIN (DIARBEKR) ET KEYFA.

L'émir Ortok, turkoman de naissance, lors de l'établissement des Seljoucides en Syrie, s'empara de Jérusalem et s'en fit roi. Après sa mort, ses enfants furent chassés de cette possession l'an 489 de l'Hégire (1096), par les Fatymides régnant en Égypte. Proscrit et sans toit, Il-Gazy, son fils, fit la conquête de Maradin l'an 498 (1104), et commença la nouvelle dynastie résidant à Maradin et Miafarekin. Deguignes (¹) ne connait sa chronologie que jusqu'en 712 de l'hégire (1312), et il ne se fraya un chemin ténébreux jusqu'à cette époque, qu'à l'aide des médailles qui se trouvaient au cabinet du roi. Il admet que cette famille dut être dépouillée de ses États par les princes de la famille de Salaheddin.

Un autre fils d'Ortok Sockman, frère d'Il-Gazy, réfugié chez le Turkoman Moussa, roi de Moussoul, commence une autre ligne de rois de Keïfa (ou Khipha) et d'Ermed, dès l'an 498 (1104) jusqu'en 629 (1231).

Les médailles de ces deux dynasties, dans le cabinet de notre orientaliste, excellent tantôt par le

---

(¹) Tom. I, pag. 250, loc. laud.

choix et le complet satisfaisant, aussi bien que par la netteté des figures grecques : parmi lesquelles on en remarque une avec l'effigie de Jésus-Christ, et tout cela contrairement aux dogmes de la religion musulmane. En Orient, on ne croit pas que ces figures soient imprimées par l'ordre des princes régnants. L'auteur nous gratifie de vingt pièces des plus rares, dont on ne trouve que cinq qui ont été déjà publiées par Castiglioni et Frachn.

Il ne faut pas imaginer que c'est tout ce qu'il possède dans ce classement : sa collection renferme 49 pièces de Diarbekr seul, dont l'une est en argent et 13 en cuivre de Keïfa.

Les coins surtout n°ˢ 273 et 274 de Fachreddin Kara Arslan et celui de Kotb-eddin Sockman, n° 279, frappé à Emed, avec des portraits des empereurs byzantins, sont inconnus en Europe et méritent l'attention particulière des numismates.

La pièce en cuivre de grand module, dont on voit l'image n° 23, représentant un cavalier en armure, la tête couverte d'un bonnet pointu à ornement, fut sous deux marteaux; c'est pourquoi sa légende, un peu chaotique, ne dit que : « *Vainqueur de l'empire et... Husam... Ju... roi.* » On devrait y suppléer : *et de la religion, Husameddin. Juluk Arslan, roi de Diarbekr?* Au revers on débrouille : « *El-melik en-Naser Selaheddunïa veddin Youssouf.* »

Autour du quadrangle la légende offre : « *fils d'Alpy. Il-Gazy, fils d'Ayoub.* » L'image n° 24 représente un denier en cuivre très mince. Voici ce qu'on y lit autour de la tête : « *Nasir-eddunïa veddin Ortok Arslan, roi de Diarbekr.* » Et de l'autre côté : « *Abu el-Abbas Ahmed en-Naser lidin Allah, Emir des croyans, el-Melik el-Adyl Abu Bekr, fils d'Ayoub.* » Au-dessus une espèce de damgha. La légende porte : « *l'an* 611. » (1214 J.-C.). La médaille en cuivre n° 25, d'un Ortok de Keïfa, offre d'un côté l'effigie d'un empereur couronné, à droite et à gauche entouré d'une légende qui veut dire : « *frappé l'an* 559. » (1163). Au revers : un buste, la tête nue, au milieu d'une légende : « *Le roi juste Fachreddin Kara Arslan, fils de David, fils d'Ortok.* » De même le n° 26 représente un buste, la tête découverte, avec la légende : « *L'an* 562. » (1166) et au revers : « *Roi d'Emirs Kara Arslan, fils de David, fils de Sokman, fils d'Ortok.* » avec la légende : « *Imâm el-Mostansched Billah.* » C'est un denier en cuivre de grand module. L'effigie nimbée se dessine sur l'image n° 27, accompagnée à droite et à gauche d'un monogramme grec, qui veut dire : « *Jésus-Christ.* » Au revers on trouve l'inscription arabe : « *Ce dyrhem est frappé à Caramanie par Fachreddin Kara Arslan.* » et la légende : « *Fils de David, fils de Sokman, fils d'Ortok.* » C'est une pièce brune.

Enfin, le denier en cuivre n° 28, porte le type d'un ange nimbé, et autour de lui : « *l'an* 571 » (1175). De l'autre côté on déchiffre : « *Le roi d'Emirs Mohammed, fils de Kara Arslan, fils de David, fils de Sokman, protecteur d'Emir des croyans.* » — et sur les marges : « *Imâm el-Mostedy Beemrillah.* »

LES ATABEKS DE MOUSSOUL.

Le fils d'Ascanar, simple turc, au service des Seljoucides, nommé Emadeddin Zenghi, envoyé par le sultan à Moussoul, pour arrêter les conquêtes des Francs, dont la domination s'étendait alors depuis Maradin jusqu'en Égypte, devenu maître d'une grande partie de la Syrie, après avoir chassé les chrétiens, se déclara souverain indépendant. Ses enfants ont régné après lui : mais ils se sont divisés en quatre branches. Ceux de Moussoul commencent l'an 521 (1127) et finissent leur carrière en 658 (1260); ils comptent onze souverains. M. Pietraszewski nous en reproduit vingt pièces, appartenant à sept princes.

Le denier n° 318 de Seifeddin Gazy, en cuivre, semblable à celui que démontre le n° CXXXI de Castiglioni, mais qu'il interprète à tort, est très remarquable. J'adopte plutôt la leçon de notre orientaliste dans l'expression : « *El Mustedy Beemrillah Gazy, fils de Maududi.* » n° 29.

L'empreinte de la pièce n° 321, refondue d'une médaille grecque ou latine (ce que l'on observe sur les traits de la tête et des cheveux), est d'un grand intérêt. Quoique la dent du temps l'ait un peu endommagée, on peut y lire distinctement le nom du souverain, l'hôtel et la date de sa fabrication.

Le denier n° 330, fabriqué par Bedreddin Lulu, l'an 652 (1254), était déjà offert par Castiglioni ; mais en les comparant, il paraît évident que ce savant l'a attribué gratuitement à une autre dynastie, sans doute à cause de son inscription à demi effacée. La nouvelle formule, عـبـد بـهما *depressus est opibus horum duorum potentatorum*, d'après la version de Pietraszewski, apparaît ici pour la première fois, et indique visiblement la pression des Mongols sur cette dynastie, qui finirent par l'exterminer.

Nous donnons le dessin de cette pièce brune sous le n° 30. On y observe un prince assis à la manière orientale, tenant la lune et entouré d'une légende : « *frappé à Moussoul l'an* 652 » (1254). De l'autre côté l'épigraphe offre : « *Kaan suprême Abaka Ilchan Auguste Bedreddin.* » Ensuite la formule comme ci-dessus, exprimant qu'il relève de deux potentats ; et sur les marges : « *Il n'y a que Dieu unique : il n'a point de compagnon. Mohammed est apôtre de Dieu, que Dieu le bénisse!* » C'est une des cinquante-huit médailles de la collection dans ce classement : les « Numi Mohammedani » n'en expliquent que vingt-cinq.

LES ATABEKS D'ALEP.

Les princes de ce nom règnent depuis l'an 540 (1145) jusqu'en 579 (1183) et ne donnent que trois souverains. Les trois deniers d'Ismaïl figurent dans l'ouvrage, tous frappés dans la capitale, aux images byzantines. Le cabinet en compte vingt-quatre, dont une en argent.

LES ATABEKS DE GEZIRET BEN OMAR.

Ces Atabeks s'établissent l'an 576 (1180) et cessent de régner en 648 (1253). Ils comptaient quatre souverains et leurs monnaies sont extrêmement rares. L'ouvrage de Pietraszewski nous en offre trois pièces de Muyzzeddin Mahmud : la quatrième appartenant aux Atabeks de Moussoul, ne doit pas figurer ici : la cinquième n'est pas expliquée. La première, n° 334, extrêmement intéressante, est du même genre que Mainoni (Tab. III, n° V), fait placer à tort sous les Ortokides. Le dernier, n° 337, frappé à Dschesirch, l'an 649 (1251), par Bedruddin Lulu, qui régnait à Moussoul, atteste qu'il a ruiné ces princes indépendants issus de la même souche. Elle est très précieuse à cause de sa rareté et d'excellente conservation.

LES ATABEKS DE SANGIAR.

La domination de ces princes ne dure que trente ans, depuis 577 (1181) jusqu'en 616 (1219); leurs monnaies, en conséquence, sont bien rares et de valeur. L'auteur nous produit trois souverains de cette famille, dont il n'y avait en tout que quatre. L'Europe n'en connaissait jusqu'à présent qu'une pièce de Kotbeddin, publiée par Castiglioni.

La médaille en cuivre, n° 31, a été visiblement sous les deux marteaux ; elle représente un prince sur le trône, les jambes recourbées d'une façon toute particulière. A droite et à gauche de la figure lisez : « *A Sandschar l'an* 617 » (1220). Au revers l'épigraphe porte : « *Imâm en-Naser lidin Allah, Emir des croyants. El-Melik el-Kamil Mohammed.* » Sur les marges : « *Il n'y a que Dieu seul, Mohammed est son apôtre.* »

LES ROIS OU LES ATABEKS D'ARBEL.

L'ancienne ville d'Arbelles, mémorable par la victoire d'Alexandre-le-Grand sur Darius, était la capi-

— 114 —

tale de cette dynastie indépendante, depuis l'an 581 (1185) jusqu'en 630 (1223), et qui ne comptait que deux princes. Un d'eux, Zeyneddin Youssouf, est représenté sur une médaille curieuse, n° 341, frappée l'an 587.

Nous reproduisons son portrait n° 32. Elle offre une tête couronnée avec la légende : « *El-Melik en-Naser Youssouf, fils d'Ayoub Koukboury, fils d'Aly.* » De l'autre côté l'inscription veut dire : « *En-Naser lidin Allah, Emir des fidèles...* (il faut suppléer : *Zeyn) eddunïa veddin Abu Mohammed.* » Au-dessus du premier et second vers : « *Que Dieu ennoblisse sa victoire.* » Et sur les marges : « *Au nom de Dieu! ce denier est forgé à Arbel l'an cinq cent* » (il faut sous-entendre : *quatre-vingt-sept.* (1191. J.-C.)

Il y avait encore des Atabeks d'Abherbidgiane, de Hamadan et Selgouriens, ou ceux de la Perse, que notre collection ne connaît pas.

LES AYOUBIDES EN ÉGYPTE ET EN SYRIE.

En suivant pas à pas les révolutions monétaires des Musulmans, en observant l'apparition successive des nouvelles pièces fabriquées par les dynasties naissantes, les miracles et l'esprit de l'Orient se dévoilent peu à peu à nos yeux. Ici la force se groupe incessamment sur cent points différents, et disparaît, dès qu'elle s'use, en faisant place à une autre, *qui ne cesse d'exploiter la puissance de l'homme, au lieu de la laisser engourdir sous les dynasties décrépites, dans l'insouciance de la prospérité.* Les merveilles orientales se dessineraient encore plus devant nos yeux, au fur et à mesure que nous serions mieux en état de ressaisir l'ensemble de ces antiques monuments pécuniaires. L'Europe ne possédant ce trésor qu'en partie, et comme ici je ne parle presque que du cabinet de M. Pietraszewski, quoiqu'il soit plus riche en raretés que tous les autres, son génie ne nous apparaît que comme un fragment précieux. Mais il suffit à saisir les traits de la grandeur de sa physionomie et surtout à résoudre ce problème philosophique de l'histoire universelle, qu'aucun historien n'a encore touché au juste.

Pourquoi le Christianisme uni, qui avait une centralisation spirituelle organisée, et qui fut gouverné comme un seul corps par la tête du pontife romain, succombait-il dans sa lutte avec l'Islamisme, dans le temps où ce dernier, sous la décadence des khalifs, se divisait en perdant sa visible centralisation?

Ce n'est pas que le fanatisme musulman opposé au fanatisme chrétien fût plus grand; ni les éléments hétérogènes des Croisés, ni les querelles surgies entre le pape et l'empereur, ou entre les chefs d'expéditions, ni le refroidissement successif des soldats de Jésus-Christ, ni plusieurs autres causes alléguées par Guillaume de Tyr, Albert d'Aix, Baudry, archevêque de Dol, Odon de Deuil, Jacques de Vitry, Ville-Hardouin, Joinville et les historiens modernes, n'ont amené ce résultat. J'ai déjà dit dans l'introduction, que la véritable puissance de l'Orient repose dans les transmutations révolutionnaires des États, où, en définitive, la force réelle, la plus grande, s'arroge le droit de la souveraineté. Voilà tout le secret de sa longue prépondérance. Un esclave, le plus fort, devenu maître, en faisant des conquêtes et en humiliant les autres princes mohammedans, corrompus et fiers, puisqu'ils étaient descendants d'un grand homme, se présentait en Syrie, ce rendez-vous des guerres acharnées, où l'Europe se ruait contre l'Asie, comme le véritable champion, la centralisation et la personnification du mohammédanisme. Cette centralisation réelle de la force manquait toujours aux Chrétiens, et ils devaient succomber. Ainsi les Francs s'établissent en Syrie vers l'époque de la décadence matérielle des Seljoucides, Fatymides et Atabeks, partagés en plusieurs branches : il fallait que les Musulmans cédassent le terrain conquis aux Chrétiens, ou qu'une nouvelle dynastie surgit pour terrasser l'ennemi ; — les Ayoubides parurent sur la scène du monde.

C'est Selaheddin (Saladin), issu du peuple Kourde, prince aussi brave que juste et magnanime, dont le nom répandit la terreur dans la Chrétienté, qui commence cette dynastie sur les ruines des Fatymides en Égypte, l'an 567 de l'Hégire (1171) ; elle est dépossédée l'an 648 (1250). La postérité de Selaheddin, dans la suite, occupa une grande partie de la Syrie : divisée en plusieurs branches et s'éclipsant peu à peu, elle céda la suprématie à une autre race, comme nous le verrons plus bas.

La numismatique de tous les musées de l'Europe ne connaît pas suffisamment la série de ces princes célèbres, ni leurs branches multipliées. La collection de notre orientaliste polonais, dans la branche principale, possède les espèces monnayées de sept princes : elle n'est en défaut que quant aux deux dernières qui sont moins rares ; en tout on y voit trente-cinq médailles en or, dix en argent et cinquante-une en cuivre. L'auteur nous fait connaître leur règne en trente dyrhem, dont plus de vingt sont d'or et les mieux conservés. Le premier, interprété sous le n° 406, n'était âgé que de deux ans, quand les Francs battirent les troupes de Selaheddin à Ramla, l'an 573 de l'Hégire (1177). Voici son explication, d'après l'image n° 33 : « *El-Melik en-Naser Selaheddunïa veddin.* » Au-dessus : « *Youssouf, fils d'Ayoub.* » Sur les marges on débrouille : « *frappé à Dismeschk, l'an* 571 (1175). » Le revers offre : « *Imâm el-Mostedy Beemrillah, Emir des croyants.* » — avec la légende : « *Il n'y a que Dieu unique ; Mohammed est son apôtre.* » Elle est en argent. Mais les pièces suivantes sont témoins d'une vengeance éclatante. Celle en or du n° 410, donnant, sur les marges, le titre à Selaheddin de : « sultan de l'islamisme et des Mohammedans, » fut fabriquée la même année (583 de l'Hégire — 1187), lorsque ce monarque assiége et prend Tibériade, défait les Francs à Hithin (où le roi Guy est fait prisonnier), et ensuite enlève Akka, le château Diak, Seïd, Berout, Gaza, Ascalon, Jérusalem, etc. *Voyez* le n° 34. Outre le titre, elle diffère de la précédente par la légende : « *Au nom de Dieu !* ». Et, au revers, elle proclame un autre khalif : « *Imâm en-Naser, Emir des croyants.* »

La médaille d'or, sous le n° 411, portant deux types, est frappée à Iskenderich, l'an 584 de l'Hégire (1188). Voici ses inscriptions et légendes bien curieuses (*voir* le n° 35) : « *Youssouf, fils d'Ayoub, roi sage, en-Naser le grand, que Dieu le bénisse et sa race.* » De l'autre côté on démêle : « *Imâm Ahmed Abu el-Abbas en-Naser lidin Allah, Emir*

des fidèles. Selaheddin... skenderieh l'an 584? »
C'est l'époque de la prise de Koukab, Laodicée, Bazria, Krak, Sephed, etc. Trois ans plus tard, Richard-Cœur-de-Lion conclut la paix avec le sultan Selaheddin, son grand rival.

A cette occasion, le mariage entre la sœur de Richard, roi d'Angleterre, et le frère de Selaheddin, Adel, fut proposé; mais les évêques ne voulurent consentir à ce projet qu'à condition que le frère du sultan embrasserait le christianisme, ce qui fut rejeté par le vainqueur. Les festins publics et les jeux que l'on célébrait de part et d'autre avec la joie folâtre en l'honneur de la paix, où les Musulmans étonnaient les chrétiens en donnant des combats de barrières, des courses de têtes, de bagues, des danses et autres exercices d'adresse qui furent rapportés en Europe par les Francs, les Anglais et les Germains; ils donnèrent origine aux tournois et quadrilles. Le feu grégeois, dont les Sarrasins se servaient pendant la guerre, suggéra plus tard l'idée de l'invention de la poudre à canon. Quantité de nouveautés orientales, en industrie et en sciences, furent introduites en Occident. Les chocs violents entre l'Asie et l'Europe produisirent des oscillations sensibles dans les sociétés. Toutefois l'Europe, après la troisième croisade, qui était la plus populaire en Angleterre, n'a pas encore fini son apprentissage de deux siècles dans la civilisation.

Au retour dans son royaume, Richard fut retenu prisonnier par l'empereur d'Allemagne, Henri VI ; les Anglais ne pouvaient pas payer tout de suite 150,000 marcs, pour la rançon de leur roi, qui resta treize mois dans la captivité.

Les deniers en cuivre, reproduits sous les n°s 413 et 414, se trouvant entre les mains de plusieurs savants, n'étaient pas déterminés jusqu'à présent. Ils étaient forgés à Diarbekr, sous Juluk Arslan, un des Ortokides, comme une marque d'hommage à Selaheddin. Nous reproduisons l'un et l'autre sous les n°s 36 et 37. Le premier représente un prince, fièrement assis à la façon orientale, avec la tête mitrée. On y lit autour de l'effigie : « *El-Melik en - Naser Selaheddunia veddin Youssouf, fils d'Ayoub.* » Sur le revers, l'inscription veut dire : « *Imâm en-Naser lidin Allah, Emir des croyants.* » — et la légende : « *Ce dyrhem est frappé l'an* 586 (1190). » Le second paraît deux fois forgé ; il est un peu plus petit que le précédent ; du reste il lui ressemble, excepté qu'au revers il est paré de deux astres.

La pièce de Seïfeddin Abubekr, n° 423, fabriquée à Kahireh, nous rappelle la surprise de Hama par les Francs, l'an 601 de l'Hégire (1204). Mais, en revanche, combien de calamités et d'humiliations sont rappelées aux chrétiens par les huit dyrhem d'El-Kamil, presque tous d'or? N'y a-t-il pas là-dedans et dans les médailles de Nedschemeddin une partie des dons, que l'empereur Frédéric fit à ce soudan?

Voici l'explication d'une médaille d'or n° 38. Son épigraphe porte : « *El-Melik el-Kamil Abu el-Mealy Mohammed, fils d'Abubekr, fils d'Ayoub.* » — et la légende : « *Mohammed est apôtre de Dieu, envoyé pour régir et rendre la vraie religion dont il fut instruit, supérieure à toutes les autres.* » Sur le revers on déchiffre : « *Imâm el-Mansour Abu Dscha'far el-Mostanser Billah, Emir des croyans. frappée à Kahireh, l'an* 625 (1227). »

LES AYOUBIDES D'ALEP.

Cette branche de la dynastie précédente régna à Alep depuis l'an 589 (1193) jusqu'en 659 (1216). Onze exemplaires d'Ez-Zaher, El-Azy et En-Naser Selaheddin se font remarquer dans le musée de notre numismate. La pièce en cuivre, représentée sous le n° 438, avec plusieurs lettres renversées, est digne d'observations : elle a été visiblement deux fois sous différents marteaux. Nous la réimprimons sous le n° 39. Elle se laisse lire comme il suit : « *El-Melik ꞁəsɐN-uə el-Azyz ·ɯɐɯɪ*. » Et sur les marges, comme s'il y avait : « *L'an six cent vin.....n.* » (Lisez : *vingt et un*) (1224 J.-C.). Le revers est ressemblant. Je trouve 7 médailles blanches et 70 brunes de cette dynastie dans le cabinet; l'ouvrage n'en explique que douze.

LES AYOUBIDES DE DAMAS.

Ces princes règnent depuis 594 (1198) jusqu'en 643 (1245). Les deux coins de Selaheddin Daud et Es-Saleh Ismaïl, par leur rareté, sont ici dignes d'une attention particulière. La collection en compte neuf, dont un est d'argent. L'image n° 40 fait voir ce dernier. Son inscription offre : « *El-Melik es-Saleh Emaddeddunïa veddin Ismaïl, fils d'Abubekr.* » — avec la légende : « *frappé à Dimeschk, l'an...* (sans doute 654.) (1256 J.-C.). » De l'autre côté on débrouille : « *Imâm el-Mostanser Billah Abu Dscha'far el-Mansour, Emir des croyans.* » En outre, il y reste quelques traits rappelant une des formules usitées du Cour'ann.

LES AYOUBIDES DE KHELATH ET MIAFAREKIN.

Quoique ces deux dynasties soient distinctes, la première ayant régné depuis l'an 604 (1207) jusqu'en 630 (1232), et la seconde depuis l'an 615 (1218) jusqu'en 658 (1259), notre auteur les met sous une seule dénomination. Cinq pièces brunes, qu'il produit dans ce classement, étaient tout à fait inconnues; il y en a huit dans le cabinet. Nous nous bornons à l'explication d'un denier. *Voyez* n° 41. On y déchiffre d'un côté l'épigraphe : « *El-Melik el-Aschraf Moussa el-Melik el-Muzeffer Gazy.* » —avec la légende : « *frappé... six cent.* » (Peut-être 625) (1227 J.-C.). De l'autre côté : « *Imâm el-Mostanser Billah, el-Melik el-Kamil Mohammed.* » Et sur les marges. « *Il n'y a que Dieu unique... ... est Dieu.* » (C'est-à-dire : *Mohammed apôtre.*)

LES MAMELOUKS.

> Duces ex virtute sumunt : nec regibus infinita aut libera potestas; et duces exemplo potius quam imperio, si prompti, si conspicui, si ante aciem agant admiratione præsunt. TACITUS, *De mo. Ger*.

Nous allons essayer d'entrer dans plus de détails au sujet de ces princes d'Égypte; attendu que leur rôle est plus sérieux dans l'histoire générale qu'on n'en a l'idée, et que leur domination et leur véritable caractère sont le moins appréciés non-seulement en Occident, mais aussi en Orient. « Cette dynastie est fort obscure et confuse dans l'ordre successif des sultans. Les contradictions des auteurs sur ce sujet ne peuvent se concilier par aucun travail opiniâtre, » dit l'abbé de Marigny (¹). « L'histoire de ce premier empire des Mamelouks, et en général celle de l'Égypte depuis l'invasion des Arabes, a laissé jusqu'à ce jour une lacune dans nos connaissances, » dit Volney (²). En effet, il n'y a pas d'accord parmi les écrivains sur les faits les plus matériels de cette race. Deguignes, le plus consciencieux scrutateur de l'histoire de l'Orient, pour étudier la carrière de ces soudans, puise aux sources contemporaines arabes et chrétiennes, et quelquefois aux ouvrages plus récents; c'est-à-dire à ceux de Dgiaferi, Abulfedha, Makrizy, Joinville, Haiton, Aboulfaradge, d'Herbelot, etc.; et il ne connaît que cinquante souverains dans toutes les deux dynasties des Mamelouks, ou cinquante-cinq règnes, vu que quelques-uns ont régné plus d'une fois (³). Le manuscrit de Cheïk

---

(¹) Voyez *Histoire des révolutions de l'empire des Arabes*. Paris, 1750, pag. 351-352, tom. II. Plus loin, pag. 341, l'auteur poursuit : « Nous sommes obligés d'insérer ici ce qui se trouve sur ce sujet, où M. D'Herbelot s'est bien négligé. » Pour venger M. D'Herbelot, nous pouvons assurer que le digne abbé se négligeait à son tour.

(²) *Voyage en Syrie et en Égypte*, par C.-F. Volney, membre de l'Institut national des sciences et arts. Paris, an VII, vol. I, pag. 91.

(³) Le 1er et le 4e vol., loc. laud.

Merey, fils de Yousef, cité par Volney (¹), ne compte que quarante-huit princes Mamelouks, régnant dans l'espace de 263 ans : — il prétend qu'il n'y a eu que le premier Ibegh, qui ait joui d'un règne assez long, et que tous les autres ont été égorgés successivement ou en quelques années. M. d'Herbelot (²) fait régner les Mamelouks 275, et Savary 308 ans (³). Ce conflit sur les faits abonde partout. Nous démontrerons par les médailles de la collection de notre orientaliste polonais, que les Mamelouks fournirent cinquante-deux sultans et cinquante-huit règnes, qu'ils ont fait trembler l'Orient et l'Occident pendant 273 ans, et qu'il y en a eu plus de douze qui ont régné plus longtemps qu'Ibegh (Eïu-Bey), etc. Il ne faut pas se fier non plus au récit de M. De la Porte, célèbre savant de l'empire (⁴), sans avoir égard qu'il ait appris l'histoire des Mamelouks de Cheykh Ismaïl-Khachchâb, secrétaire du divan du Caire, son professeur, et qu'à l'appui

---

(¹) Vol. I, pag. 244, loc. laud,
(²) *Bibliothèque orientale. Voyez* le 4ᵉ vol. Paris, 1781.
(³) *Lettres sur l'Égypte.* Paris, 1786, tom. I, pag. 50.
(⁴) *Abrégé chronologique de l'hist. des Mamelouks d'Égypte, depuis leur origine jusqu'à la conquête des Français,* par M. DE LA PORTE, membre de la commission des sciences et arts en Égypte, chancelier interprète à Tripoli de Barbarie. Cet article est inséré dans la *Description de l'Égypte,* vol. VI, in-fol., 1ʳᵉ partie, pag. 121-184.

de sa narration, outre quelques ouvrages susmentionnés, il cite Sokkerdân, Gelal-el-dyn, Safady, Cheykh Hoseyn Khogah, Ibn-Isbâq, Bel-el-Giouzy, etc. Outre les fautes dans les noms et le nombre des soudans, la succession et la durée de leur règne, c'est un tissu romanesque, en commençant aux quatre-vingts coups de lanière par jour, infligés à St-Louis dans sa captivité, jusqu'à la réflexion finale de l'auteur : « que cet enchaînement de proscriptions et de meurtres ne pourra cesser que par l'extinction totale des Mamelouks. » La haine contre ces chevaliers orientaux, à la mode alors, est de longue date en Occident : au seizième siècle une faction à Genève universellement détestée fut appelée les Mamelouks. Des erreurs semblables se sont glissées dans les ouvrages très estimables et très sérieux, qui ont traité avec plus ou moins de succès les guerres des Croisades en général, ou cette race extraordinaire en particulier; et nommément, omettant les contemporains, dans ceux de Gibbon, Montesquieu, Joannes Müller, Schloetzer et Schroeck, Adelung, Isaac Iselin, Heeren, Niebubr, Choiseul, d'Aillecourt, Michaud et cent autres savants [1].

[1] Voyez *passim*, *Histoire universelle*, depuis le commencement du monde jusqu'à présent, traduit de l'anglais, par une société de gens de lettres. Amsterdam et Londres, 1742-1792, vol. XLIII, in-4°.

Je ne m'attacherai qu'à signaler les méprises de Deguignes, parce que, comme il a travaillé le plus opiniâtrement à défricher ce champ longtemps inculte, il mérite qu'on prenne cette peine envers lui.

L'incursion des Mongols sur les possessions des peuples indépendants de l'Asie en 1227 de l'ère vulgaire, et plus tard sur l'Europe orientale, c'est-à-dire sur la Russie, la Pologne et la Hongrie, a amené l'introduction des Mamelouks en Égypte. Les Tatars vendaient les jeunes captifs des deux sexes, que le sort de la guerre avait fait tomber entre leurs mains. C'est sur les marchés publics, dans la Crimée et en Syrie, que l'on vendait et recherchait l'élite de la beauté et de la jeunesse. On achetait souvent pour 500 et quelquefois pour mille pièces d'or ces souverains futurs. Quelle vaste, et vous diriez quelle longue, scabreuse et difficile carrière à parcourir depuis l'esclavage jusqu'à la souveraineté! Détrompez-vous. Nodgemeddin Ayoub, soudan d'Égypte, ayant entendu parler de ce trafic en gros des enfants, s'avise d'en acheter plusieurs mille à la fois pour en former sa garde (halca) et les fait soigneusement élever. Ceux d'entre eux qui se sont distingués parviennent aux plus grandes charges de l'État. Vingt ans plus tard ils ont renversé la dynastie de Salaheddin; ils avaient toujours soin que le plus vaillant de leur corps fût proclamé sultan. Cette constitution produisit beaucoup de bien pour l'État. Elle excluait les femmes de l'administration publique et garantissait le pays des troubles et des inconvénients des minorités, comme de l'incapacité des sultans. L'opposition, inséparable de chaque grand système, après la mort des sultans, s'insinuait adroitement pour assurer le diadème à leurs fils mineurs : mais cela n'était jamais de longue durée ; la monarchie élective reprenait toujours son ascendant fortement prononcé. La base du système, outre le bien public, son but principal, comme moyen, était fondée sur le caractère des hommes les plus forts et les plus influents, où chacun d'eux, espérant de parvenir au trône, était personnellement intéressé à le perpétuer.

La plupart des sultans de cette extraction suivaient une politique très habile. Pour assurer la tranquillité au dedans, ils occupaient leurs troupes au dehors, en les tenant en haleine continuellement au milieu des appâts du gain, des triomphes et des batailles. Heureux s'ils eussent continué cette politique, en poussant leurs conquêtes jusqu'à Constantinople ! On a beau dire que c'étaient des scélérats habiles et astucieux. La milice d'où ils sortaient était la pépinière de héros d'une trempe extraordinaire. Le trône, où les dangers se multipliaient au dehors et au dedans, ne fut pas brigué par les ambitions oiseuses, mais par les génies à la fois politiques et militaires. Si l'on considère que les monarchies héréditaires ne sont pas tant fondées sur les traditions, les habitudes et l'amour du peuple pour une famille, que sur l'accumulation des trésors, l'attachement de l'armée et des grands, on concevra alors combien ce système de monarchie élective a été enraciné dans l'esprit public, puisque les ambitieux brisaient tous les obstacles. On apprend beaucoup à voir ce système à l'œuvre.

Mamelouk veut dire esclave, ou l'homme devenu propriété, une marchandise : mais ils composaient plutôt la grande famille des riches. Leur nombre n'était pas toujours égal. Il y en avait communément douze mille de la garde du sultan, et à peu près autant au service des émirs et d'autres dignitaires de l'empire : avec le temps leur nombre alla en croissant. D'après le manuscrit de Kalil, fils de Chahin el-Zaher, vizir du sultan Aschraf, de la dynastie des Mamelouks Tcherkasses, lorsque Karabal Couli, prince tatar, menaça le sultan d'Égypte d'envahir ses États avec 200,000 hommes de cavalerie, à moins qu'il ne consentit à lui payer un tribut annuel, celui-ci, pour toute réponse, lui envoya une liste de son armée, qui contenait 526,000 cavaliers, dont 100,000 étaient les Mamelouks de sultan et d'émirs.

Ce que j'ai dit plus haut à propos de la souche des Ayoubides s'applique d'autant plus aux Mamelouks. S'ils n'avaient pris les rênes du gouvernement, il est plus que probable que les Francs auraient ressaisi leur domination en Syrie, même après la défaite de saint Louis, causée par des esclaves qui devinrent *de facto* maîtres de leur sultan. De même, les chrétiens vaincus en ont tiré des profits immenses, que les guerres des Croisades ont fait naître. Je ne dis pas que les Mamelouks seuls produisirent ces grands résultats : je ne dirai pas même que toutes les expéditions des Croisés contre les différentes dynasties musulmanes les ont effectués. Les causes y furent compliquées, et nous mettons en relief la plus grande. *Les Mamelouks ont coupé la dernière tête à l'hydre de la discorde entre l'Asie et l'Europe : ils ont couronné l'œuvre de la résistance de l'Orient contre l'Occident. S'ils n'eussent pas expulsé les Francs de la Syrie, la guerre aurait continué.* Dès lors on n'avait plus à craindre que les Croisés, entièrement humiliés, vinssent apporter la guerre en Asie.

En rentrant dans les foyers de leurs pères, les Francs achevaient d'apporter en Occident tout ce qu'ils avaient trouvé d'utile en Orient, en fait d'industrie, de fabriques, de sciences, d'agriculture et pour les mœurs : le commerce et la navigation, devant servir un jour à la découverte de l'Amérique, reprenaient une nouvelle vigueur. Tout fut mis en fusion et mêlé ensemble entre les chrétiens et les sarrasins : le sang, les usages, les manières, le savoir, les vertus et les vices. Le luxe oriental est proverbial jusqu'ici dans toutes les langues. Sa manifestation patente s'étalait dans les bals, les jeux et les spectacles ; — dans la toilette des deux sexes, les parures, les étoffes précieuses, le velours, le satin, les châles magnifiques, les broderies d'or, d'argent et en soie, les parfums, les pierreries enchâssées en or d'une ciselure exquise ; — dans les meubles : les vases et les tasses émaillées et incrustées, les tapis, les sophas, les rideaux ; — dans les armes : les épées, les poignards, les lances, les arcs et les flèches, les selles, les brides, des caparaçons, des tentes, des pavillons, etc. ; — et particulièrement dans les aliments, les assaisonnements et les potions bien connues et devenues presque indispensables jusqu'à présent, qui influent tant sur notre organisation et sur les générations futures. Le monde élégant, le monde du bon ton, dont tour à tour l'Italie, l'Espagne, enfin la France, s'est fait le foyer (depuis Louis XIV) et qui propage la civilisation matérielle, tire de là son origine. L'union de la haute classe des sociétés de toutes les nations, par le luxe, la mode et les usages, se forma ainsi. L'Europe change radicalement au physique et au moral jusque dans ses entrailles. Et c'est l'Orient, dont l'ignorance représente les enfants comme autant de monstres, c'est l'Orient qui répandait tant de bien sur le monde !

Les Occidentaux commencent surtout à se réorganiser dans leurs États, à méditer sérieusement sur les causes de leurs désastres, à chercher des réformes, à révolutionner leurs propres pays, à agrandir leurs idées et leurs entreprises par le souvenir des merveilles de l'Orient, qui éveillent leur émulation, à refondre l'organisation de l'armée, à donner des armes aux ouvriers, aux rustiques, ce qu'on avait jugé auparavant fort dangereux, à imprimer enfin une autre impulsion à l'esprit de la chevalerie, des preux et au gouvernement, qui fait absorber la religion par l'État. D'abord toute la civilisation de l'Europe, avant d'avoir la conscience de son propre génie, avant de prendre les phases locales et surpasser sous bien des égards celle de l'Orient, n'est que le reflet des merveilles orientales, comme ces images irrégulières des villes maritimes, agrandies et florissantes depuis, qui semblent se baigner et se réfléchir coquettement dans le miroir ondulant de la Méditerranée. Les nations les plus enrichies par le contact avec les Musulmans, ou qui avaient la plus active communication avec eux, c'est-à-dire les Italiens et les Espagnols, ouvrent les premiers la marche de la civilisation moderne.

L'esprit de la religion prend depuis une autre voie et dégénère dans la *sainte inquisition*. En outre, on fait la guerre aux Albigeois, aux Poméraniens, Prussiens, Lithuaniens, et Samogitiens, pour achever l'œuvre de l'unité européenne. En même temps, n'ayant plus un ennemi commun qui les faisait respirer comme un seul corps, les peuples se divisèrent, et se créèrent des rivalités et nationalités distinctes ; en sorte que, lorsque quelques-uns d'entre eux, plus tard, ont été envahis par les Ottomans, l'Europe occidentale assistait à ce spectacle comme un spectateur neutre ; — elle, qui ne craignait pas autrefois d'entreprendre la conquête de l'Orient. Déjà la Grèce, la Moldavie, la Valachie, la Servie, la Transylvanie, la Hongrie avaient été subjuguées par les musulmans : l'Autriche allait subir le même sort. La Pologne resta l'unique sauvegarde de l'Europe de ce côté-là, et arrêta ce flux des hordes effrénées.

Sur ces entrefaites, les rejetons des soldats du Christ, qui furent jadis proclamés tous égaux entre eux, devaient aspirer un jour à connaître la déesse de la Liberté. La pensée s'affranchit, car les ministres de Dieu, mis à une rude épreuve, perdaient insensiblement leur prestige. Les paroles de Tacite, *et dignus imperii nisi imperasset,* s'appliquent bien au saint-siége. On discute sur l'infaillibilité des pontifes ; de là viennent les Conciles, les doctrines de Wicklef et Huss, la réforme de Luther et une foule d'innovations qui augurent une nouvelle ère. L'humanité reprend un essor grandiose en mille directions. Les germes féconds, les longues racines de plusieurs questions palpitantes aujourd'hui, ont pris naissance à cette grande époque, berceau d'une vaste carrière. Voilà les fruits des calamités, dont la culture était longue et laborieuse : mais, en revanche, son esprit se propage à l'infini et devient l'âme des événements à venir. Encore des leçons, et des plus profitables, que nous héritâmes des Orientaux.

On verra de plus près cette leçon répétée par les Mamelouks, dans l'extirpation complète des Francs en Syrie, qui y ont introduit la féodalité occidentale ; ils devaient renoncer pour toujours à leur domination si multipliée dans ces régions.

En méditant sur la suite des guerres des Croisades et sur le sort des prisonniers chrétiens non rançonnés, il me semble que je m'occupe de notre propre sang, qui coule dans les veines des Musulmans. Ne parlant pas de nos défaites et des prisonniers francs faits par les Mohammedans sous les Fatymides, Seljoucides, Ayoubides et Atabeks, je dirai un mot sur quelques captifs faits par les Mamelouks. Bibars assiégea Antioche, dont Boëmond était prince, bombarda la ville, passa 40,000 Francs au fil de l'épée et fit 100,000 prisonniers. Kalaoun prit d'assaut Markab : 7,000 assiégés y périrent ; les femmes et les enfants furent traînés en esclavage : — la même chose fut répétée à Laodicée, à Tripoly et en bien d'autres places en Syrie. Son fils Khalil Aschraf, s'emparant de Ptolémaïs, n'épargna que les femmes et les enfants, qui furent faits prisonniers. Je me borne ici à citer ces exemples, dont je pourrais bien grossir le nombre. Voici la liste des États féodaux des Francs en Orient, et que les Mamelouks ont achevé de détruire :

Les comtes de Tripoly, — les seigneurs d'Ibelin et ensuite de Berout et Japha, — les seigneurs de Tibériade, — les seigneurs de Césarée, — les seigneurs de Seïd, — les seigneurs de Tyr de la maison de Montfort, — les seigneurs de Napoulous, et ensuite de Krak de Mont-Royal, — les seigneurs de Baisan, — les comtes d'Edesse, — les seigneurs de Blanche-Garde, — les seigneurs du nom de le Tor, — les seigneurs de Gibelet ou Dgiabelah, — les seigneurs d'Héraclée, — les seigneurs de Markab, — les seigneurs du Boutron, — les seigneurs d'Adelon, — les seigneurs de Mangastean, — les seigneurs de Caiphas, — les seigneurs de Mimars, —

les seigneurs du Morf, etc., etc. Du reste, les portraits des plus illustres Croisés, dont plusieurs notables familles de France se font descendre, ornent aujourd'hui la Chambre des Pairs et les galeries de Versailles.

Cette expulsion finale des Francs de la Terre-Sainte est le moment heureux pour leurs destinées futures ; où l'Europe abdique à jamais sa volonté de régner en Orient, et ne s'occupe guère que de son ménage intérieur. Son cours d'études pénibles sur l'Orient va finir : ce sera un élève émancipé. La France étant la plus active dans les Croisades, elle en devait souffrir le plus, elle en retirait aussi les plus grands bienfaits. Elle se mettait alors à la tête d'une idée généreuse, non pas pour son propre avantage exclusivement, mais pour celui de tout le monde : tous les chrétiens étaient appelés Francs par les Musulmans. C'est le secret du caractère de son peuple et de sa prépondérance en Europe à l'avenir. Et tout cela prête un intérêt peu commun à de petits monuments, les véritables et parfois uniques commentaires de l'époque, les perles de la collection que nous allons examiner.

LES MAMELOUKS BAHARYTES.

On divise les Mamelouks en deux parties. En

suivant l'ordre chronologique, je ne m'occuperai, dans ce chapitre, que des Baharïtes. Ils furent élevés dans la ville de Roudah, près de la mer, d'où leur vient le nom de Baharïtes, ou marins. Ces premiers Mamelouks étaient presque tous des Turkomans, venus de Captchaq, et ils avaient toujours soin d'élever au trône leurs nationaux. Ils possédaient toute l'Égypte et une grande partie de la Syrie. C'est au grand Caire qu'ils résident, où, si nous ajoutons foi au manuscrit précité de Kalil, on comptait alors 700,000 âmes. On pourrait subdiviser cette race en trois dynasties, c'est-à-dire celle d'Eïu-Bey, Bibars et Kalaoun; la dernière a prédominé; les autres ont régné seuls sans postérité, et tous par le droit d'élection, qui reposait souverainement sur des esclaves. Les émirs, les cadys et les grands Mamelouks font l'élection, l'opinion de l'armée, du peuple arabe et même des malheureux Coptes y participe. En tout ils règnent durant l'espace de 136 ans et huit mois.

I. *Muyzeddin Eïu-Bey.* La sultane Schadjereddor, qu'aucune femme ne surpassait en beauté, aucun homme en génie, au dire des historiens arabes, devient éperdument amoureuse du premier Mamelouk, et va partager son trône et son lit avec lui. Avant d'être sultan, il fut un des plus actifs dans la victoire de Mansoura, et son avis de rendre la liberté à saint Louis et à son armée pour la rançon de 800,000 besans d'or prévalut parmi les émirs. La reine de France, Marguerite, en état de grossesse, instruite à Damiette de ce désastre et de la captivité de son auguste époux, tomba à genoux devant son écuyer, en le suppliant de lui couper la tête, en cas que les infidèles s'emparassent d'elle. Après avoir fait massacrer Touran Schah et détrôné son fils Aschraf, le dernier de la dynastie de Sclaheddin, sans faire grand cas des princes de la même famille qui régnaient tout autour, savoir : à Damas, à Hama, à Krak, à Moussoul et dans le Diarbekr, le mamelouk Muyzeddin se met hardiment sur le trône et règne près de sept ans (depuis l'an 648 de l'Hégire jusqu'en 655 — 1250-1257). Les orientalistes européens, depuis d'Herbelot et Deguignes jusqu'à Fræhn et Kraft, en prononçant mal son nom (Moezzeddin Ibegh), ont entraîné en erreur notre numismate. Comme il était Turc de Captchàq, on lui donnait sans doute le surnom d'Eïu-Bey, ce qui veut dire *bon maître* dans cette langue. Il périt par la main de la sultane jalouse.

La pièce n° 1, du fondateur de cette dynastie, qui n'est pas gravée sur la planche, nonobstant sa physionomie chétive et l'incertitude de notre auteur, ne me paraît pas problématique. Son aspect général, l'impression distincte de la légende usitée et le commencement du nom el-Muy... me corroborent dans cette opinion. Elle est unique comme presque toutes les médailles de cette dynastie.

2. *Mansour Nureddin Aly*. Une médaille d'argent de ce prince, sous le n° 2, est extrêmement curieuse et se laisse lire facilement, elle est frappée à l'imitation des monnaies ayoubides. Nous la reproduisons sous le n° 42. On y lit dans le quadrangle : « *El-Melik el-Mansour, Nureddin Aly, fils d'Eïu-Bey.* » — et au-dessous : « *et cinquante.* » Le revers porte l'inscription : « *Imâm el-Mostassem Billah Abu Ahmed, Emir des croyans.* » — et la légende : « *frappée à Kahireh, l'an six cent.* » 656? (1258). Fils du précédent, proclamé sultan à l'âge de 15 ans, Nureddin Aly ne fut sur le trône que deux ans et huit mois.

3. *Muzeffer Seyfeddin Koutouz*. Les pièces notifiées sous les n°ˢ 3 et 4, et leurs semblables, que nous aurons l'occasion de signaler plus bas, sont de la plus haute importance ; je ne dis rien de ce qu'elles sont inédites, parce que, à peu d'exceptions près, le catalogue de M. Pietraszewski ne nous en offre pas d'autres ; mais sous un point de vue tout particulier. Il se peut que le temps les ait un peu diminuées ; mais il est indubitable qu'elles ont été fabriquées de la sorte, c'est-à-dire en deniers tronqués, ou felous. Les commotions continuelles, les

guerres civiles et les invasions des Tatars, en causant la pénurie dans le fisc, devaient occasionner cette notable diminution dans la confection de la monnaie, pour payer la solde aux troupes et pour les besoins du peuple. Ces menues espèces, plus tard, avaient cours comme la monnaie valable ordinaire. L'examen de plusieurs morceaux monnayés, comparés et appliqués l'un à l'autre, nous indique le mode de leur fabrication.

On préparait d'abord les lingots en baguettes, aplaties des deux côtés ; on les faisait chauffer, et quand ils étaient en état requis, le marteau, à double timbre, appliqué des deux côtés, en faisait la monnaie, que l'on brisait, ou qui tombait sans effort, prête à la circulation ; n'ayant pas égard à son irrégularité, c'est-à-dire que le timbre d'un côté ne répondait pas strictement à celui du revers, ni à l'âpreté des deux bords, où l'on opérait la fracture, les deux autres ayant été arrondis et formés d'avance. Le flan n'était pas proportionnel avec le timbre ; mais on le déchiffre en comparant ces menues pièces avec les médailles rondes et entières, fabriquées par le même marteau. Cet examen très difficile, et cette nouvelle découverte dans la numismatique, nous la devons à l'inspection d'une grande quantité de felous pareils avec lesquels M. Pietraszewski a réussi à recomposer presque un lingot en baguette dans son état primitif.

Koutouz fut massacré à la chasse au lièvre par un Mamelouk plus puissant que lui, l'invasion du pays par Holakou, petit-fils de Genguis-Khan, ne souffrant pas un prince faible. Il ne régna pas un an entier, et par conséquent ses monnaies sont rares.

4. *Bibars.* A quatorze ans, acheté sur un marché public en Syrie, ce Mamelouk a saisi le sceptre en héros d'une main vigoureuse; il ne démentit pas les titres qu'on lui prodiguait : Zaher Rokneddin Aboul Foutouk (l'illustre, la colonne de la religion et le père des victoires). *Voyez* le portrait d'une monnaie blanche de ce prince, n° 43, où on lit l'inscription arabe : « *Sultan ez-Mel... el-Zaher.... Bibars, intime ami d'Emir...* » Au-dessous est un lion bien conservé. Le reste de l'épigraphe en suppléant quelques traits offre : « *On ne remporte de victoire que Dieu aidant.* » Au revers on lit : « *Imâm el-Hakim-Beemrillah. Abu... el-Abbas... frappé à...?* » l'an 661? (1162.) Bibars fit de grandes conquêtes sur les Francs et les Musulmans en Syrie, sur les Ismaëliens, sur les Mongols, sur le roi de la basse Arménie, etc., et ne se laissa pas aveugler par la fortune, de sorte que tous les succès il les attribue à Dieu seul sur ses monnaies et défend de prononcer son nom dans les prières publiques. C'est un véritable lion courant, la gueule béante, d'après le type de ses *dyrhem,* qu'on appela dahery.

Trois médailles de ce prince se trouvaient déjà en Europe avant la publication de notre auteur : mais personne ne les a déterminées avec assurance, à cause peut-être que leur empreinte n'était pas assez claire.

La médaille n° 5 et quelques suivantes sont bien significatives, parce qu'elles expriment les noms de trois Imâms, tandis que l'histoire n'en connait que deux pendant son règne ; c'est-à-dire El-Mostanser Ahmed, créé par Bibars lui-même, et son successeur El-Hakim. Il est notoire qu'après le renversement des kalifs Abbassydes de Bagdad par Mankou-Khan, empereur de Mongols, ou plutôt par son capitaine Houlagou, Ahmed, descendant de ces khalifs, se réfugia chez le sultan Bibars, qui alla au-devant de lui en grande cérémonie, accompagné de tous les dignitaires de l'empire, des habitants du Caire, des Juifs même avec la bible, et des Chrétiens avec l'Évangile ; le proclama khalif et ses descendants, en leur laissant un vain titre, ou une ombre de pouvoir, qu'on a conservé sur les monnaies. Il destina un million de revenu pour l'entretien de ce prince : ainsi donc ce khalif et ses successeurs étaient pensionnaires de sultans de l'Égypte, sans avoir la possession d'un État séparé. Ce dernier, par son protégé Imâm, distribuait en quelque sorte les diplômes et les investitures aux monarques musulmans les plus éloignés : c'était une vaste politique ! Bibars était déjà depuis deux ans fermement assis sur le trône, lorsque cet événement arriva ; et comme Ahmed, en prenant le titre de El-Mostanser Billah Abu el-Abas, n'occupa le khalifat qu'un an, depuis l'an 659 de l'Hégire (1261), ladite pièce, sans date, dut être fabriquée la même année, ou en 660 de l'Hégire. Le dyrhem n° 43 se distingue par l'inscription exacte de la date, qui est l'an 661 (1262) du temps du khalif Hakin Beemrillah, par conséquent six ans avant la prise épouvantable d'Antioche et le bombardement de Ptolémaïs. Mais chose étrange ! On trouve sur un autre denier de Bibars (n° 12), le nom du khalif El-Chaher Beemrillah. Ainsi, il est évident que l'histoire ne connaît pas ce khalif, ou bien que Hakim prenait aussi un nom différent, qu'elle ne connaît pas non plus. (*Voyez* Deguignes.) Nous reproduisons cette éloquente médaille d'argent sur l'image n° 44, avec l'inscription : « *Sultan el-Melik ez Zaher Rokneddin Bibars, intime ami d'Emir.... On ne.... de victoire....* » De l'autre côté l'épigraphe offre : « *Imâm el-Chaher Beemrillah Abu el-Abas Ahmed, forgé à Kahireh, l'an...* » Toutes les monnaies de ce sultan, soigneusement fabriquées, d'une grande forme et riches d'inscriptions variables, manifestent la béatitude de son règne pendant plus de dix-sept ans. Il était riche, puissant et magnanime. Il donna en cadeau 80,000 pièces d'or à Aschraf, roi de Hemesse, et à Mansour, roi de Hama, 80,000 pièces en argent, et les confirma dans leur souveraineté. Tous ces princes cependant appartenaient à la famille de Selaheddin, à laquelle les Mamelouks avaient enlevé le plus bel empire. L'an 668 de l'Hégire, Bibars établit la poste régulière dans le pays, avant qu'elle eût été connue en Europe.

L'an 675 le roi d'Abyssinie, Haty, prince chrétien, écrivit une lettre au sultan en lui demandant de faire l'envoi d'un métropolitain, choisi par le patriarche de Coptes, où il s'exprimait en ces termes : « Le plus humble des esclaves baise la terre devant le sultan et lui offre ses félicitations. » En accordant cette demande, Bibars dans sa réponse lui donne les titres suivants : « Le Nadjaschy de ce siècle, l'épée de la loi du Messie, l'appui de la religion chrétienne, l'ami des rois et des sultans [1]. » Michel Paléologue, empereur de Constantinople, envoya aussi des ambassadeurs à Bibars

---

[1] Makrizy, *Kitab-al-solouk*, tom. I, Ms. arabe, 672, pag. 372-373. Cf. *Mémoires sur les relations des princes mamlouks avec l'Abyssinie*, pag. 267, inséré dans *Mémoires géographiques et historiques sur l'Égypte et sur quelques contrées voisines, recueillis et extraits des manuscrits coptes, arabes, etc.*, par Ét. Quatremère, professeur de littérature grecque à l'Académie de Rouen. Tom. II. Paris, 1811.

en le sollicitant de conclure un traité de commerce avec lui.

5. *Bereke Khan.* Les nᵒˢ 14 et 15 des monnaies de ce sultan, fils de Bibars, qui n'avait que 19 ans, sont un peu frustes : la dernière fabriquée vers la fin de son règne, l'an 678 (1279), qui ne dura qu'au delà de deux ans. Son frère de sept ans lui succéda.

6. *Bedreddin Selamesch.* Ce prince porta le titre de sultan durant cinq mois. Notre numismate polonais le laisse passer sous silence : non pas qu'il n'en possède des espèces, mais parce qu'elles ne sont pas encore déterminées.

7. *Kalaoun.* L'émir Acsancar - el - Kameli avait acheté ce Mamelouk pour mille pièces d'or, tant il était beau et bien fait ; c'est pourquoi on lui donnait le surnom d'Alfi, mot tiré d'alf, qui signifie *mille*. Ce sobriquet ne lui inspirait pas du tout la honte; au contraire, il s'en vantait. Devenu Atabek ou régent par ses talents, à la minorité de Selamesch, fils de Bibars, il fut proclamé sultan par les émirs et les autres mamelouks. En régnant depuis l'an 678 jusqu'en 689, au delà de onze ans en Égypte et en Syrie, il mérita bien les titres exprimés sur ses médailles : mansour (*le victorieux*), seïfeddin (*l'épée de la religion*), abu el mealy (*le très illustre*). (*Voyez* les nᵒˢ 16, 17 et 18.) Tristes témoins de sa gloire

étaient les Hospitaliers du château de Markab, les Francs de Laodicée, et surtout de Trypoly (¹) et d'autres places en Syrie ; aussi bien que les Mongols, ennemis déclarés des Musulmans, arabes et turkomans. Ses victoires répétées sur ces derniers ont décidé Ahmed, l'empereur des Mongols, à embrasser l'Islamisme. Quel triomphe pour Kalaoun !

L'an 682 de l'Hégire on vit arriver à la cour d'Égypte une ambassade du prince de Ceylan, roi de l'Inde, qui invitait le sultan à conclure un traité de commerce avec lui. Dans sa lettre il disait, entre autres : « Je possède une quantité prodigieuse de perles et de pierreries de toute espèce. J'ai des vaisseaux, des éléphants, des mousselines et d'autres étoffes, du bois de Bakam, de la cannelle, etc. Mon royaume produit des arbres, dont le bois sert à faire des lances. Je possède vingt-sept châteaux, dont les trésors sont remplis de pierreries (²). »

L'an 689, le roi Salomon, prince d'Abyssinie, lui faisait la même demande que Haty à Bibars ; il appelait le sultan son maître et lui promettait des

---

(¹) Aboulfedha, célèbre auteur arabe, n'ayant alors que douze ans, était présent au siége de Tripoly.

(²) Cf. *Mémoire sur les relations des princes mamelouks avec l'Inde,* pag. 284 et *sq.*, par QUATREMÈRE, loc. laud.

présents (¹). La même année (689 de l'Hégire, 1289 J.-C.), Kalaoun, après son expédition de Tripoly, reçut l'ambassade du roi d'Aragon Alfonse et conclut un traité avec lui, dont nous devons la traduction à M. Silvestre de Sacy.

Les monnaies de son règne se distinguent de ses prédécesseurs, en ce qu'il a abrogé l'usage honorifique d'y imprimer les noms des khalifs, ses protégés, en qualité de premiers Imâms de tous les Mohammedans. Les versets du Cour'ann commencent à remplacer ces vaines formules : réforme qui continue dans le cours de toute cette dynastie.

Le portrait de la pièce blanche n° 45 de ce grand prince se déchiffre ainsi : « *Abu el Mc..(aly) sultan el-Melik el-Mansour Seïfeddin Kalaoun el-Nedschmi.* » — et de l'autre côté : « *Il n'y a que Dieu unique ; il n'a point d'associé : Mohammed est son apôtre, envoyé pour diriger. — frappé à Dimeschk l'an....* »

8. *Khalil.* La pièce de ce sultan, n° 19, n'est pas sans intérêt, puisqu'elle exprime son titre, méconnu par l'histoire. (*Voyez* Deguignes.)

Nous reproduisons son image sous le n° 46, où d'un côté on débrouille l'épigraphe suivante :

(¹) *Cf.* Quatremère, pag. 268, loco laud.

« *Sultan… el-Aschraf Selaheddin Khalil, intime ami d'Émir.* » — et au revers la formule semblable à celle de Kalaoun, en ajoutant : « *et la vraie religion.* » C'est une médaille d'argent.

La fin de Khalil prouve que les passions de l'homme abusent de l'esprit du meilleur système. En proclamant la guerre sainte, qui lui fut recommandée par son père mourant, pour le pillage de dix-neuf marchands musulmans par des chrétiens, il a vaincu complétement le roi de Chypre, les Templiers, les Teutoniques et les autres croisés : il a pris d'assaut Ptolémaïs, la capitale de l'empire des Francs en Syrie, où ils éprouvèrent, au dire d'un historien, le même traitement qu'ils avaient fait éprouver jadis aux Musulmans, et fit raser toutes leurs places en Syrie. Malheureusement les lauriers de Khalil ne purent le protéger contre un assassinat commis par son esclave Baïdara, l'amant de la sultane, au commencement de la quatrième année de son règne.

9. *Baïdara.* Nous n'avons pas de monnaies de cet esclave souverain : probablement on n'eut pas le temps de les frapper ; car il fut massacré par les troupes exaspérées de Khalil, le lendemain de son avénement.

10. *Mohammed* (pour la première fois). A neuf ans de son âge, Mohammed, le second fils de

Kalaoun, proclamé sous la tutelle de l'émir Ketboga, lieutenant du royaume, ne fut cette fois-ci sur le trône qu'un an.

La médaille en argent, sous le n° 20, est digne d'attention, par sa rareté et la clarté de son type. Nous la mettons sous les yeux de nos lecteurs, n° 47. Voici la version de son épigraphe : « *Sultan el-Melik.... du monde et de la religion.* » (Sous-entendu : *défenseur*) « *Mohammed, fils de Kalaoun, intime ami d'Émir des croyants.* » — Au-dessus : « *Et six cents.* » Le revers offre : « *frappé à Kahireh, l'an... 94.* » (C'est-à-dire 694. 1294, J.-C.)

11. *Ketboga.* Cet homme hardi, sage et entreprenant, Mongol de naissance, fait prisonnier à la journée d'Hemesse, où Mengo-Timour fut défait par l'armée de Kalaoun, devenu domestique du sultan, et, par le caprice de la fortune qui ne tient au merveilleux qu'en Orient, promu d'un grade à l'autre, jusqu'à la première dignité de l'Empire, est un des plus grands princes musulmans. Après deux ans de souveraineté, déposé par son protégé Ladgin, il fut gouverneur de Damas jusqu'à sa mort, et, malgré les instances réitérées, ne voulut jamais s'asseoir sur un trône si chancelant. Le titre de ce prince, qu'on lit avec peine sur sa monnaie, gravée sous le n° 21, est différent de celui que lui fait assigner l'histoire. (*Voyez* Deguignes.)

Nous la reproduisons sur nos planches, n° 48. On y débrouille d'un côté : « *Ketboga, sultan-el-Melik ....leh, défenseur de l'em....* » (lisez : *es-Saleh, défenseur de l'empire et de la religion.*) De l'autre côté, la même sentence du Cour'ann que sur le denier n° 46, et l'ornement à l'instar d'étoile. C'est une pièce blanche.

12. *Ladgin.* Encore une spécialité sans exemple. Acheté par Kalaoun, devenu son esclave favori, puis nommé gouverneur de Damas; ensuite emprisonné pendant plusieurs années pour avoir résisté aux révoltes, ou bien pour les fomenter, par différents partis, qui s'entre-choquaient; — enfin condamné et au point d'être étranglé, ne devant sa vie qu'à la corde rompue, meurtrier de son maître un sultan, et déposant un autre, tous deux ses bienfaiteurs, Ladgin proclamé sultan manifesta les qualités éminemment supérieures, qui ont rendu son règne bienheureux pour tout le monde. Étranglé à son tour par le complot de ses esclaves, il ne régna que deux ans et trois mois. Ses monnaies sont solides et d'une valeur intrinsèque peu commune. Elles sont forgées à Hamah, Alep, Damas, Dimeschk et Kahireh, etc., et quelquefois refaites sur les médailles anciennes. (*Voyez* les n°ˢ 22 et 23.)

Cette dernière se trouve gravée sur nos planches n° 49. Elle exprime d'un côté les titres : « *Sultan el-Melik el-Mansour.... Ladgin ?* » et au revers la même formule que sur le denier précédent. C'est une médaille blanche très remarquable.

13. *Mohammed* (pour la seconde fois.) Naser Mohammed se trouvait au cachot de Krak à l'âge de quatorze ans. Il croyait qu'on en voulait à sa vie, quand les Émirs se présentèrent devant lui pour le saluer en monarque. Cette fois il règne dix ans et quelques mois. Il lutte encore avantageusement avec le roi de Chypre, les chevaliers du Temple et de l'Hôpital, qui voulaient absolument se rétablir en Syrie. En même temps, il combat les Mongols, et sur ses médailles on le proclame *défenseur du monde et de la religion*. (*Voyez* les n°ˢ 24, 25, 26, 28, 29 et 30.)

C'est une époque plus tranchée dans la numismatique orientale, où l'on observe la diminution des espèces dans leur fabrication. Neuf exemplaires de cette date dans la collection de M. Pietraszewski font signaler cette décadence.

Nous en donnons un exemple sur une pièce blanche n° 50, Son inscription offre d'un côté : « *Kalaoun, sultan el-Melik en Naser, défenseur du monde et de la religion, Mohammed fils d'el-Melik el-Mansour....* » — et au revers « *...hireh (à Kahireh)... 700.* » (1500 J.-C.).

14. *Bibars*. Après que Naser Mohammed, fati-

gué des fréquentes révoltes de ses Émirs, se fut rendu à Krak, et déposa sa dignité, un puissant Émir, Bibars, issu des esclaves Bordgites de Kalaoun, Tcherkasse de naissance, fut proclamé. Il ne jouit du titre de sultan qu'onze mois et fut étranglé aux yeux de Mohammed, qui, avec l'assistance de ses partisans, vint se remettre sur le trône. Les monnaies de Bibars, à cause de son court règne, sont très rares. Dans notre collection elles ne sont pas encore déterminées, et se trouvent parmi les felous, dont on observe l'affluence progressive vers ce temps-là.

15. *Mohammed* (pour la troisième fois). Les soixante-neuf pièces, frappées à Hama, Alep, Damas, Dimeschk et Kahireh, pour la plupart avec les dates, représentent ici l'affermissement du trône de Naser Mohammed, pendant trente-deux ans depuis l'an 709 de l'Hégire, jusqu'en 741 (1310-1342) : c'est ce qui fait le total de quarante-trois ans de son règne.

Les deux pièces blanches n°s 51 et 52 appartiennent à cette époque. La première en tête de médaille veut dire : « *Sultan el-Melik en-Naser, défenseur du monde et de la religion, Mohammed fils d'el-Melik el-Mansour Kalaoun* » — et au revers outre la formule usitée : « *frappé à Dimeschk l'an* 731. » (1330.) La seconde, n° 52, est une pièce brisée ou felous en argent. On y trouve : « *el-Mansour* » et peut-être : « *el-Nedschmy Alfy* » — et au revers : « ... *Dieu que... est apôtre de Dieu.* » (C'est-à-dire : *il n'y a que Dieu seul, Mohammed, etc.*).

Il n'y avait pas, de son temps, dit un historien arabe, un pouce de terre, qui ne fût couvert de bâtiments ou de jardins ([1]). Il faisait aplanir les montagnes, creuser les canaux, et exécutait les projets les plus hardis pour la prospérité du pays.

Vers la fin de son règne on vit arriver au Caire des ambassadeurs du roi du Khatay avec une lettre pour le sultan, où il mandait son désir de se faire musulman. Ensuite, le roi de l'Inde annonçait, par ses ambassadeurs, vouloir s'instruire dans la religion musulmane et tenir ses États du Khalif. En conséquence, il priait ce prince de lui accorder une lettre d'investiture, promettant de se regarder désormais comme vassal du sultan ([2]).

16. *Aboubekr Seïfeddin.* La monnaie expliquée

([1]) Voyez *Relation de l'Égypte*, par Abd-Allatif, médecin arabe ; suivie de divers extraits d'écrivains orientaux et d'un état des provinces et des villages de l'Égypte dans le XIVe siècle; le tout traduit et enrichi de notes historiques et critiques par M. Sylvestre De Sacy. Paris, 1810.

([2]) Makrizy et Quatremère après lui, assignent l'an 743 et 744 à ces deux ambassades pour le sultan Mohammed : c'est ce qui ne peut pas être, parce qu'à cette époque Ismaïl était sur le trône. Cf. Quatremère, tom. II, pag. 286-287, loc. laud.

sous le n° 55 du fils aîné de Naser, a du mérite, 1° à cause de son règne éphémère de deux mois, 2° parce qu'elle nous apprend le titre prolongé de ce sultan, qui est méconnu par l'histoire. Des lettres الغا d'un mot inachevé, qu'on y rencontre, formaient originairement sans doute l'expression الغالب c'est-à-dire *vainqueur*, ou bien الغازي, *vainqueur sur les infidèles.*

17. *Koutchouc Elaeddin.* Le frère du précédent de ce nom, âgé de six ans, ne régna que cinq mois. Ses espèces se trouvent entre les felous de la collection.

18. *Ahmed.* Le troisième fils de Naser Mohammed, déposé pour sa cruauté au bout de trois mois, appartient à la catégorie de son prédécesseur.

19. *Ismaïl.* Meurtrier d'Ahmed, son frère, Ismaïl se montra digne du trône dès qu'il l'occupa durant l'espace de trois ans, jusqu'à sa mort naturelle, signal du deuil universel dans le pays. Le bon état de ses deniers et la variété (*voyez* les vingt-deux pièces depuis le n° 56 jusqu'à 68) sont dignes d'observation, sous ce rapport, qu'elles nous rendent témoignage sur la prospérité réelle du pays. Quelques-uns rappellent ceux de Bibars. C'est vrai qu'il y a aussi des pièces brisées, fabriquées de la manière dont nous avons parlé sous Koutouz : mais c'est la monnaie du peuple, la plus indispen-

sable, qui, mainte fois, pourvu qu'elle ne représente pas une grande valeur, au lieu de révéler le manque du capital dans une contrée, fait voir l'activité du commerce intérieur, et que le nécessaire y est à bon marché (¹). La dissonance du titre es-Saleh Selaheddunïa veddin dans les pièces n° 65 et 68, de celui Emadeddin, que lui donnent les orientalistes, en harmonie avec le denier n° 67, est ici digne d'être enregistrée.

Dans l'image gravée du dyrhem n° 58, frappé l'an 744 (1343), on observe une fleur. L'origine de ce symbole intrigue excessivement les orientalistes. Les fleurs commencent d'apparaître sur les monnaies des Mamelouks, sous différentes formes, tantôt en boutons, tantôt à demi closes, ou tout à fait épanouies, comme dans la pièce précitée. On parle beaucoup du langage des fleurs en Orient. Sur les médailles primitives (comme on en voit l'exemple sur le n° 253 de N. M., appartenant aux Ommiades), elles ne doivent signaler autre chose que le pouvoir suprême. Il me semble que quel-

---

(¹) On en voit l'exemple frappant en Angleterre, aujourd'hui pays le plus riche et le plus pauvre au monde à la fois, où, faute de petite monnaie, ou, ce qui revient au même, à cause de la cherté des vivres, le peuple meurt de faim. Quelqu'un a bien dit : que toute la politique intérieure s'y résume dans cette phrase : *Sauvez le peuple de la famine !*

ques-unes de ces fleurs devaient être, plus tard, empruntées aux armoiries de France. J'ai déjà remarqué que des princes, comtes, barons et chevaliers émigrés de ce pays, à la tête d'une armée dévote, après avoir pris Jérusalem, l'an 1099 de l'ère vulgaire, ont établi une quantité d'États en Syrie, dont l'existence dura à peu près deux siècles, c'est-à-dire jusqu'à la reprise de Jérusalem par Selaheddin, en 1187, ou plutôt, jusqu'à ce que les Mamelouks, sous la conduite de Kalaoun et Khalil son fils, ont expulsé les Francs de la Syrie, en 1291 (l'an 690 et 691 de l'Hegire). Les Musulmans se plaisaient souvent à imiter les monnaies chrétiennes, comme nous l'avons vu sous les dynasties Seljoucides, Ortokides, Atabeks, etc., et il n'est pas étonnant que, soit comme une sorte de trophée, soit par des motifs de négoce, ils aient adopté les signes héraldiques des Francs, dont ils avaient impitoyablement moissonné la fleur de la dévotion.

Les fleurs se trouvent des deux côtés sur l'impression n° 53, avec les légendes : « ...*tan el-Melik es-Saleh Emadeddu...* » — et au revers : « *L'an* 744 (1343). » C'est une pièce en cuivre. Une autre blanche, du même prince, gravée n° 54, offre l'inscription suivante : « *forgé. Sultan el-Melik es Saleh Emadeddunïa ved... et sept cent.* » De l'autre côté : « *Il n'y a que Dieu unique. Mohammed est son apôtre, envoyé pour régir et donner la vraie religion. L'an 44.* » C'est-à-dire 744. (1343, J.-C.) Le portrait d'une médaille blanche, n° 55, est aussi d'Ismaïl. Voici son épigraphe : *A Dimeschk. Sultan el-Melik es-Saleh Emadeddunïa veddin, fils de Mohammed. frappé... 46.* » C'est-à-dire l'an 746. (1345 J.-C.) De l'autre côté, la formule usitée du Cour'ann, citée sur le denier précédent, en y ajoutant au-dessus : « *On ne remporte de victoire que Dieu aidant.* »

20. *Kamil*. Ce cinquième fils de Naser fut détrôné au bout d'un an et quelques mois, pour expier sa tyrannie. On est surpris de lire son titre inconnu sur sa monnaie, qui contredit l'histoire; c'est-à-dire Seïfeddin au lieu de Zeïneddin. (*Voyez* les n°⁵ 69-71.)

On peut le vérifier sur la pièce d'argent n° 56, où on démêle : « *sept cent. Sultan el-Melik el-Kamil, Seyfeddunïa veddin, fils de Mohammed. frappé à Dimeschk, l'an 46.* » C'est-à-dire 746. (1345 J.-C.) De l'autre côté, la sentence pieuse usitée.

21. *Mouzeffer Hadgi*. La même occurrence se reproduit dans le titre de Hadgi, le sixième fils de Mohammed, qui, pour des raisons semblables, ne régna pas plus longtemps que Kamil. L'histoire ne lui reconnaît jusqu'à présent que le titre de

Zeïneddin, tandis que les espèces frappées par son ordre vont lui revendiquer le surnom de Seïfeddunïa veddin. (*Voir* les n°s 72-76.)

En voici la preuve sur le n° 57 de nos images. C'est une pièce d'argent, dont l'épigraphe offre d'un côté : « *...tan... el - Muzeffer, Seyfeddunïa veddin Hadgi, fils de Mohammed... quarante ..pt.* » C'est-à-dire 747. (1346 J.-C.) — et au revers : « *... que Dieu... est apôtre de Dieu.... pour régir et donner la vraie religion.... meilleure.* » (Sous-entendre : *que toutes les autres.*)

22. *Hassan.* Le frère du précédent, à peine âgé de onze ans, Hassan ne jouit pas longtemps du nom de sultan. Quoique la pièce n° 77 soit un peu rongée, et malgré la réticence sur la date de sa fabrication, le nom du sultan et le type de ce période la rendent indubitable.

23. *Housseïn.* L'histoire ne le connait pas ici à cette époque comme sultan, et confond visiblement Hassan avec Housseïn, qui est un autre fils de Naser Mohammed et a régné après celui-là. Cette faute s'étend nécessairement à la durée du règne de son prédécesseur, qui dut être bien plus court qu'on ne le dit : car Hadgi ayant été déposé l'an 748 de l'Hégire, et la monnaie de Housseïn étant fabriquée à Catena, l'an 749 (*voir* le n° 78), il est impossible que le démenti, donné par la

numismatique aux manuscrits arabes, ne soit bien fondé. Ils parlent en effet des contestations, qui divisaient les Mamelouks au sujet de Hassan et de Housseïn, et qu'on a préféré le premier. (*Voyez* Deguignes.)

24. *Es-Saleh Dschelaleddin.* Ce prince n'est nullement le fils, mais le petit-fils de Naser Mohammed, et le fils de Hadgi. On peut ainsi enregistrer ce fait, comme une faute de l'histoire : car, le denier de ce prince (n° 79) nous le dit expressément, à moins que l'on réussisse à interdire sa déposition, en prouvant qu'il est problématique ; c'est ce que je ne crois pas, quoiqu'il ne porte point de date.

25. *Housseïn* (pour la seconde fois). Encore une erreur de l'histoire à corriger. A la même date, c'est-à-dire depuis l'an 755 de l'Hégire, jusqu'en 762 (1354-1361), les historiens placent Hassan, le frère, dit-on, du précédent. Au contraire, nous trouvons sur les médailles, nommément sous le n° 80, fabriquée l'an 756, le n° 81, l'an 758, le n° 82, l'an 759, le n° 83, l'an 760, le n° 85, l'an 761, et, sous le n° 89, frappée l'an 762 de l'Hégire, le nom du sultan Housseïn, frère de Hassan, dont le nom figure avant lui, et l'oncle de es-Saleh Dschelaleddin.

La pièce n° 84 représente une petite fleur en bouton. Il n'est pas surprenant que de pareils signes aient amené dans une fausse voie d'hypothèses M. Cadalvène, grand connaisseur en munismatique grecque et romaine, et bien d'autres. Mais Marsden a fait aussi une méprise dans l'interprétation du dyrhem semblable sous le n° CCCXVIII ([1]), que je n'hésite pas de référer à Housseïn. La physionomie générale de la pièce, l'hôtel de Hama, où elle fut forgée, et l'an 757 distinctement empreints me confirment dans cette idée : c'est ce que le savant Marsden n'a pas eu le courage ou le bonheur de déchiffrer.

Nous donnons l'empreinte de la monnaie blanche de Housseïn, n° 58. On y démêle d'un côté : « *El-Melik el-A.... reddunïa* (lisez : *El-Adyl el-Nasereddunïa*) *veddin Housseïn (fils) d'el-Melik el-Naser Mohammed, fils d'el-Melik el-Mansour Kalaoun.* » De l'autre côté la formule tant de fois répétée : « *Il n'y a que Dieu,* » etc. en bas : « *L'an soixante,* » et à droite : « *Sept cent.* » C'est-à-dire l'an 760. (1358 J.-C.)

En tout seize charmants monuments de ce prince brillent dans le cabinet de M. Pietraszewski, où le nom de son père, Naser Mohammed, et de son grand père Kalaoun sont honorés, ne laissant point de doute sur son identité. Il est évident que, par le

[1] *Numismata Orientalia illustrata.* London, 1823.

souvenir de ces grands hommes, leurs descendants s'efforçaient à rendre le trône héréditaire.

26. *Mansour Mohammed.* Trente-six jolis exemplaires d'argent, de billon et en cuivre de ce sultan, fils de Hadgi, entre lesquels plusieurs felous, que le numismate polonais nous offre à l'inspection; ces pièces expriment les hôtels de leur fabrication et les dates. C'est le règne d'un mineur, dans l'espace de deux ans et trois mois, sous la régence de Ilbogha, qui le déposa.

Nous reproduisons deux échantillons des pièces brunes de ce prince. Celle n° 59, en tête de médaille, offre l'inscription : « *El-Melik el-Mansour Selaheddunïa veddin Mohammed, fils d'el-Melik el-Muzeffer Ha... fils d'el-Melik en-Naser.* » Au revers : « *frappé à Kahireh, l'an* 763. » (1361.) Une autre, n° 60, dans le triangle, contenant un cercle, porte l'épigraphe: « *Mohammed.* » — au-delà du triangle : « *Sultan el-Melik el-Mansour.* » — de l'autre côté, dans un pareil triangle et cercle : « *frappé* » et en dehors: « *à Dimeschk, l'an* 763. » (1361.)

27. *Schaaban.* Les espèces monnayées fabriquées sous ce soudan viennent aussi à l'appui de ce que nous avons dit au sujet de Housseïn. Nous avons quatre-vingt-cinq pièces de Schaaban, qui régna quatorze ans et deux mois, où il se dit presque partout fils de Housseïn ; conséquemment son père

devait occuper le trône. Il y en a (les n°ˢ 125, 126 et 160), où, par des motifs que nous avons déjà signalés, on rappelle qu'il est fils de Housseïn, petit-fils de Naser Mohammed et l'arrière petit-fils de Kalaoun. A son avénement il n'avait que dix ans, et l'émir Ilbogha continuait à administrer les affaires du pays, jusqu'à ce qu'il tombât victime de ses projets ambitieux. C'est un règne malheureux. L'ambition des émirs déchire l'État, et cette triste situation se dessine clairement par la décadence de la monnaie. On en fabriquait une quantité en pièces brisées ou felous, dont l'explication pourtant n'est pas impossible, en les comparant avec les médailles rondes du type complet.

Le coin n° 147 avec plusieurs lettres renversées, quant à la date de sa fabrication, n'est pas interprété au juste par notre orientaliste. Il me semble que l'an 777 (1375) se laisse lire dans les traits que l'auteur nous reproduit, et qu'il faut substituer à l'an 779 de sa leçon. En 778 de l'Hégire, Schaaban fut détrôné, étranglé, et son corps gisait dans une citerne au temps que M. Pietraszewski fait battre la monnaie en son honneur. Serait-ce donc une médaille de consécration? On sait que les anciens Arabes n'employaient pas des points diacritiques, qui tantôt tiennent lieu de voyelles, tantôt distinguent des lettres et des chiffres, de la même forme, en sorte que, faute de ces points, un caractère peu y accepter jusqu'à cinq versions différentes.

Sur le portrait de cette pièce blanche, n° 6**I**, on ne voit que : « *Sul... Jv.иʃoy-ʃo el-Aschraf ····nϚ* » —au-dessus : « *Neuf.* » De l'autre côté on débrouille : « *Il n'y a que Dieu seul; Mohammed... apôtre.* » —au-dessus : « *L'an sept....* » probablement l'an 777 de l'Hégire (1375.)

Le n° 62, pièce d'argent, porte l'inscription : « *Sultan el-Meli... el-Aschraf, défenseur.... de la religion, Schaaban, fils de Housseïn... de Mohammed.* » De l'autre côté la formule usitée.

Vers ce temps, les Francs, sous le commandement de Pierre de Lusignan, roi de Chypre, faisaient une descente près d'Alexandrie. C'est la dernière tentative, l'agonie de l'esprit des Croisades. Le vaillant Ilbogha sut repousser cette invasion d'une manière éclatante, et, dans la paix conclue à cette occasion, les Émirs prêtèrent serment d'envoyer à Famagousta la colonne à laquelle Jésus-Christ avait été attaché et flagellé. Mais ils manquèrent à leur parole, ne jugeant pas à propos de se défaire de quelques reliques révérées par les chrétiens, qui assuraient à leur pays un beau revenu, payé par les pèlerins. L'Europe fut longtemps stupéfaite et ébahie des triomphes de ses adversaires : il ne lui restait de tant de conquêtes en Orient que les titres de rois, de comtes et seigneurs de plusieurs États, longtemps conservés dans les familles (¹). Les monarques et les chevaliers chrétiens, que la généalogie faisait descendre de héros romains, grecs, macédoniens, et je ne sais quels s'humiliaient devant des princes *parvenus...*

Les cinq pièces indiquées sous le n° 163 ont été frappées à Tarablus, avec une fleur épanchée sur le champ et surchargée d'ornements.

28. *Mansour Aly.* Le fils mineur de Schaaban, Aly porta le nom de sultan dans l'espace de cinq ans et quatre mois, d'abord sous l'atabek Inbegh et ensuite sous le puissant Barkouk. On ne rencontre presque sous ce règne que des fragments de monnaies, forgées ainsi dans les hôtels. (*Voyez* les n°ˢ 169, 170-1-2-3.)

Nous en réimprimons un exemplaire oblong, n° 93, qui n'offre d'un côté que : « .....*n el-Melik ...sour Aly.* » (Lisez : *Sultan el-Mansour* etc.) « *Hamah.* » —et au revers : « *Il n'y a Dieu que Di.... Mohammed apôt....* »

29. *Aschraf Hadgi.* Les pièces frappées sous ce soudan mineur ont le même caractère que celles de son frère Mansour Aly. (*Voyez* les n°ˢ 174-177.)

(¹) En cas du démembrement de l'empire ottoman, tant de fois projeté, les prétentions des descendants des héros croisés, vu leur ancienneté, seraient sans doute mises sur le tapis au premier rang.

Le felous carré reproduit sur nos planches, n° 64, ne porte que : « el-Melik es-Saleh » et de l'autre côté : « Imam ...stanser ...llah Abu Dschafer, Émir de fid... »

Le régent Barkouk, dévoré par une ambition que légitimaient ses talents, ne laissa le titre à Aschraf Hadgi qu'un an et demi. C'est le dernier sultan de la dynastie des Mamelouks Baharïtes, pour la plupart Turkomans de Captchaq. Corrompus par les faveurs inouïes de la fortune, et devenus débiles, ils cèdent à l'ascendant de plus forts qu'eux. Pour retrouver sa vigueur et sa puissance, qui commence à se délabrer, il faut que l'État se retrempe et se réorganise au centre du pouvoir, qu'il en remonte les ressorts de nouveau, et le hardi Barkouk, un des esclaves Tcherkasses, commence la dynastie des Mamelouks Bordgites. Bien des princes et des dynasties tombent : mais l'Égypte garde encore le premier rang, pendant plus d'un siècle ; autour d'elle tout l'Orient continue à pivoter, et de loin à un certain degré l'Europe occidentale.

LES MAMELOUKS TCHERKASSES OU BORDGITES.

Pour contre-balancer la puissance des Mamelouks turkomans, le grand génie de Kalaoun s'avisa d'en prendre aussi pour sa garde de la Tcherkassie, et les fit élever dans un château, d'où on les nommait Bordgites, ce qui veut dire : *élevés dans des tours.* Il réussit pour quelque temps dans son projet, car nous voyons après lui plus de douze princes, tous ses descendants sur le trône d'Égypte. Mais, dans la suite, les Tcherkasses, devenus trop puissants, firent passer le pouvoir aux plus forts d'entre eux. Nous allons passer en revue, dans ce chapitre, les monnaies de vingt-six princes, presque tous de la même race, mais de noms distincts, dont quelques-uns seulement eurent leurs fils pour successeurs. La lutte pour l'empire était donc plus acharnée que du temps des Mamelouks turcs, et devait précipiter une crise ou quelque dénouement fatal. Effectivement, le trône était à l'enchère, où les princes brillent et disparaissent comme des étoiles filantes. Ils règnent depuis l'an 784, jusqu'en 923 de l'Hégire (1382-1517), c'est-à-dire l'espace de 135 ans.

Les Tcherkasses, en grande partie, étaient alors nés dans la religion chrétienne ; mais, dès qu'on les achetait, ils étaient circoncis et convertis à la religion musulmane. Ils n'avaient donc ni parents, ni patrie, ni religion de leurs aïeux ([1]). Ce n'est pas

---

([1]) « Il paraît que les Mameluks n'étaient point fils des chrétiens (si ce n'est peut-être quelqu'un d'entre eux), comme plusieurs de nos historiens l'ont avancé, » dit d'Herbelot. (*Voyez* sa *Bibliothèque orientale.* Paris, 1781, le quatrième volume.) Il ne serait pas difficile de réfuter cette assertion. D'ailleurs ce savant ne l'avance pas d'une manière péremptoire.

le seul intérêt qui nous doit attacher à connaître les monuments qui dévoilent leur histoire. Pendant la guerre des Croisades, plusieurs Italiens et Français ont cherché fortune en Tcherkassie. Lors de l'invasion des Mongols, des masses de jeunes gens des deux sexes furent enlevés de la Pologne, de la Russie rouge (les Rusniaks) et de la Hongrie ; c'est pourquoi je ne serais pas étonné si l'on découvre un jour que quelques individus de ces nations ou leurs neveux ont régné en Orient (1). Dans une seule incursion semblable, les Mongols ont enlevé trente mille Polonaises. L'enlèvement des Sabines pâlit devant ce tableau.....

D'ailleurs le petit peuple Tcherkasse, aujour-

(1) Lengnich, dans son estimable ouvrage, *Historia polona*. Lipsiæ, 1740, et Gedani, 1750, qu'il a écrit pour les jeunes Poniatowski, ses élèves, fait descendre la nation polonaise, anciennement Lechites, de Lazzi, le peuple du Caucase, ou Tcherkasse. Cette idée a beaucoup plu à Albertrandi, Waga, Skrzetuski et bien d'autres historiens polonais. Naruszewicz révoque en doute et Lelewel combat ouvertement cette hypothèse. En Orient, les Polonais ne sont pas connus sous d'autre dénomination, jusqu'à nos jours, que comme Lechites ou Lech. Il ne faut pas oublier non plus que les Sarmates sont venus du Caucase, et que, dans leurs habits *joupan* et *contousch*, les Polonais ressemblent aux Tcherkasses. Cf. *Nachrichten von Tschirkassien*, pag. 455 - 472. — *Büchings Magazin*, 6 vol. Hambourg, 1771. — Cf. aussi sur le Caucase les ouvrages de Klaproth, Mont-Péreux et plusieurs publications récentes en Angleterre, en Russie et en Allemagne.

d'hui presque entièrement musulman, que la vaillance, l'amour de la liberté et de l'indépendance consacrent depuis tant d'années, en lui méritant le nom de nation, est le seul à ce moment qui brave ouvertement la puissance de la Russie et fait naître des héros tels que Schamïl... C'est le seul coin de la terre qui n'a jamais été entièrement conquis. Le colosse du Nord est destiné peut-être à se briser contre les rochers du Caucase... Nous verrons comment ses fils monnayaient en Égypte.

1. *Barkouk*. Pendant la domination des Mamelouks turkomans, un grand commerce d'esclaves se pratiquait en Tcherkassie, pays des beaux hommes et des belles femmes. Le jeune Barkouk, amené de cette contrée dans la Crimée, y fut acheté par un marchand Othman et revendu à l'émir Ilbogha. Bien des lecteurs croiront peut-être que je les conduis dans un labyrinthe oriental de fantasmagories romanesques. L'histoire en dit plus que les romanciers modernes ne sauraient inventer. En effet, cet aventurier, proclamé sultan par les Émirs, les cadys et les grands du pays, ouvre la dynastie des Mamelouks tcherkasses.

Les dates des monnaies, interprétées sous les n°s 178 et 180, se rapportent au premier règne de Barkouk, qui dura six ans et sept mois. C'est un temps critique pour le bilan numéraire, qui relève les troubles et les contestations intérieurs, l'usurpation de ce Tcherkasse, sa destitution et sa restauration. Il fit forger des pièces rondes, mais petites, comme celle dont nous contemplons l'image n° 180, et une quantité de felous d'argent et de cuivre (*voyez* les gravures n°ˢ 179 et 182), sans faire grand cas de leur difformité; elles commencent à envahir le commerce d'une façon désastreuse. Peu à peu on cesse de frabriquer les dyrhem, et ces fragments d'une irrégularité bizarre vont les remplacer. Le système monétaire ne s'améliore plus depuis en Égypte; au contraire, il devient ruineux de plus en plus, comme nous allons l'observer chez les successeurs de ce prince. Les sources de la richesse commencent à tarir, et Barkouk annule beaucoup d'impôts, de droits et de présents.

Le felous par exemple en cuivre, représenté n° 65, n'offre que les fragments de l'inscription : « ... her ... k. » (lisez : *ez-Zaher Barkouk.*) « *Que son règne prospère.* » — et au revers, une ampoule et l'épigraphe : « .... ppé ... hireh *six cent quatre vi*... *neuf.* » (1387 J.-C.). Une autre pièce brune petite, mais ronde, n° 66, porte distinctement : « *el-Melik es-Zaher Abu Saïd Barkouk.* » — et de l'autre côté : « *frappé à Dimeschk, sept cent* .... *neuf.* » C'est-à-dire 789. (1387).

2. *Mansour Hadgi.* C'est le même fils de Schaa-

ban avec un nouveau titre, le dernier de la dynastie des Baharïtes, qui fut réinstallé sur le trône par le parti des Mamelouks turkomans, adversaires des Mamelouks tcherkasses : mais il ne règne qu'environ huit mois. Barkouk, enfermé à Krak, trouva des partisans et défit sur les plaines de Schachoub son rival. Cinq pièces de ce prince, d'argent et de cuivre, dont l'une est ronde (le n° 185) et annonce clairement l'an 792 (1389), et les autres, des felous se font observer dans le musée de M. Pietraszewski.

Nous nous rapportons à la pièce brisée en argent, dont on contemple le portrait n° 67, où l'on déchiffre à peine : « ...*sour Naser ... din Hadgi el-Me... mmed apôtre... pour régir.* » Tandis que l'image du denier rond en cuivre n° 68, offre expressément d'un côté : « *Sultan el-Melik el-Mansour Hadgi,* » — et au revers : « *battu à Dimeschk l'an sept cent* » (probablement 792) (1389 J.-C.)

3. *Barkouk* (pour la seconde fois). Neuf ans et huit mois de la souveraineté de ce grand soudan, depuis sa restauration, font ici signaler quarante pièces (n° 188-224), tantôt en dyrhem, tantôt en felous; plusieurs munies de dates bien lisibles : comme par exemple le n° 69, où on lit distinctement : « *Sultan el-Melik ez-Zaher, l'épée du monde et* (sousent. : *de la religion*) *Abu Saïd Barkou..* »

au-dessus : « *sept cent* » au-dessous : « *quatre vingt dix ...* » au revers, la formule usitée du Cour'ann, Cf. n° 54, — et au-dessus : « *forgé à Di...* » C'est une pièce blanche. Le n° 70, pièce d'argent, est semblable à la précédente, mais « *frappée à Haleb.* » L'image du denier tronqué, oblong, en argent, n° 71, offre, « ...*her* (ez-Zaher) *Seifeddunia veddin Abu* (Saïd) *Bark...* » et au revers, « *Apôtre de Dieu.* » L'impression du felous carré en argent, n° 72, porte l'épigraphe, « .... *eddunia ve...* (Seïfeddunïa veddin.) « *Barkouk.* » — et au revers, « *Apôtre de Dieu....* » (C'est-à-dire, Mohammed est, etc.). Enfin, le n° 73 représente une pièce brisée d'argent, où on débrouille d'un côté : « ...*her* ...*eddunia ve... Barkouk ...ïd* (suppléez : ez-Zaher Sefed : — veddin.. Abu Saïd) — et au revers : « *Apôtre de Di.. pour régir...* »

Ce sultan meurt à l'âge de soixante ans, en 801 de l'Hégire (1399). Il accueillit favorablement à sa cour le roi Ahmed, fils de Aouys, descendant de Genguis-Khan, qui se sauva de Bagdad, sa capitale, envahie par Timour (Tamerlan). Les Tatars exaspérés pour la protection accordée à ce prince réfugié pénètrent dans la Syrie, prennent d'assaut Edesse et passent ses habitants au fil de l'épée. Le même sort attendait Alep ; la vaillance seule de Barkouk sauva cette ville. Il détourna adroitement l'orage qui grondait sur sa tête.

L'empereur grec menacé de perdre son empire, se réveillant du sommeil léthargique, appela à son secours le conquérant Tatar Timour, contre Bayezid (Bajazet) conquérant Turc, surnommé *Ilderim* (la foudre). Une lutte gigantesque s'engagea entre ces terribles rivaux, dont Barkouk profita. Lorsque Timour tourna la bride de son cheval vers la conquête des Indes, Ahmed reprit possession de Bagdad, se reconnut vassal de Barkouk et faisait battre les monnaies en son nom. Bayezid lui-même respectait le sultan d'Égypte, en recherchant son amitié et son alliance, avant de faire l'invasion sur les domaines de l'empereur Emanuel. L'an 788 le roi d'Abyssinie David lui envoya des députés, une lettre, et des présents magnifiques, ce qui formait la charge de vingt-un chameaux ([1]). Nonobstant la ténuité de ses deniers, Barkouk devait être bien riche, puisque, au dire d'un manuscrit arabe (par Cheik Merci) il laissa après sa mort, 25,000,000 tournois, et 14,000,000 en meubles précieux de sa fortune privée.

4. *Pharadsch.* Le fils mineur du précédent, Pharadsch, né d'une femme grecque, régna environ six ans et demi au milieu des guerres et des révoltes. Timour, à son retour des Indes, ayant appris la mort

---

([1]) Cf. MAKRIZY et QUATREMÈRE, pag. 276 *et sequ.*, loc. laud.

de Barkouk, dirigea ses forces vers ces parages, et prit d'abord Bagdad. Les deux princes Ahmed et Qarâ-Yousef expulsés de leurs royaumes trouvèrent asile chez le sultan d'Égypte. Timour somma Pharadsch de les lui livrer, et en cas de refus menaça d'envahir ses États. La vertu musulmane préféra la guerre à la violation de l'hospitalité. Le sultan d'Égypte battu en Syrie l'an 803 de l'Hégire, perdit Alep, Emesse, Damas, etc. Ensuite sur les plaines d'Angora, ou d'Ancyre, près le mont Stella, où Pompée avait autrefois vaincu Mithridate, Timour donna la fameuse bataille à Bayezid, où ce dernier tomba entre les mains de son implacable ennemi.

Les pièces interprétées sous les n°s 225 et 226 de cette époque mémorable, quoique très minces, sont très piquantes et se laissent admirer. On commençait à frapper au lieu de dynar, les deniers nommés *Nasery* du titre Naser (le victorieux) qu'on donnait à Pharadsch.

La monnaie d'argent de petit module, dont on contemple le portrait n° 74, n'offre d'un côté que : « *Pharadsch Abu Sea...* » (lisez *Seadat*) — et au revers : « *Billah.* »

5. *Abdoulaziz*. Ce second fils de Barkouk est omis dans le catalogue de M. Pietraszewski. Il ne régna que soixante-dix jours.

6. *Pharadsch* (pour la seconde fois). Nous regret-

tons de répéter la même chose quant à cet espace de six ans et dix mois. Le temps seul pourra, nous l'espérons, vaincre les difficultés, dans l'explication des felous, qui se trouvent au cabinet de notre orientaliste. Mais jusqu'à présent le manque total de pièces rondes rend ces difficultés presque insurmontables.

7. *Le Khalif Mostaïn.* Dans les troubles, qui bouleversaient l'État, ce khalif pendant sept mois tint les rênes du gouvernement. Nous n'avons jamais vu ses deniers.

8. *Abounasr Scheikh Mahmoudi.* La monnaie n° 227 que décrit l'ouvrage *Numi Mohammedani* est très importante, à raison qu'elle fait la déposition irrécusable, à quel point l'absence d'argent se manifestait alors en Égypte. Jusqu'à cette époque l'argent était communément de bon aloi. On peut voir son empreinte n° 75, qui exprime d'un côté : « *el-Melik el-Muyd Abun-Nasr scheikh* » — et au revers : « *il n'y a que Dieu seul; Mohammed est apôtre de Dieu.*» C'est un denier d'argent petit et chétif.

Il est indubitable que le genre de ces monnaies suggéra plus tard l'idée aux sultans de la dynastie d'Osmans, d'en introduire en Turquie de semblables, connues sous les noms de *Para* et *Aspra*, qui circulent dans cet empire jusqu'à nos jours sous le nom seulement de *Para*.

Abounasr Scheikh, prince magnanime, resta sur le trône environ huit ans et demi jusqu'à l'an 824 de l'Hégire (1421). Le célèbre voyageur contemporain Guilbert de Lannoy, né en Belgique, et revêtu du caractère diplomatique par plusieurs princes de l'Occident, nous parle de ce sultan, de son fils Ahmed, de Tatar son tuteur et successeur, de Mohammed, fils du Tatar et de Barsbeï (¹).

9. *Ahmed.* Nous n'avons pas vu les espèces monnayées de ce fils d'Abounasr, proclamé à l'âge de deux ans, et honoré du titre de sultan durant sept mois.

10. *Tatar.* Le régent Tatar, à la minorité d'Ahmed, proclamé souverain par les intrigues de la sultane devenue sa maîtresse et sa femme, meurt au bout de trois mois.

11. *Es-saleh Nasereddin.* Le fils mineur de Tatar de ce nom, sous la tutelle de Barsbeï, cesse de s'appeler soudan quatre mois après son avénement.

12. *Barsbeï.* Les monnaies d'or de ce brave et sage prince ne sont pas rares, parce qu'il a régné au delà de seize ans. Plusieurs musées de l'Europe les possèdent. Il avait encore des démêlés avec les

---

(¹) Ce curieux manuscrit est publié par la Société des bibliophiles de Mons, avec une carte dressée par M. Lelewel. *Voyez* aussi GUILBERT DE LANNOY et ses voyages en 1413, 1414 et 1421, commentés en français et en polonais par Joachim LELEWEL. Bruxelles et Posen, 1844. — Cf. Emil. GACHET.

Francs de l'île de Chypre, qui commettaient la piraterie sur la Méditerranée et causaient des avanies inouïes aux Musulmans. N'écoutant pas les remontrances de l'empereur du Bas-Empire, Barsbeï fit l'expédition de Chypre, où il trouva que les Turkomans assistaient les Francs. Le roi Jean fut fait prisonnier, et cette île est devenue depuis tributaire de l'Égypte. Le grand maître de Rhodes, épouvanté par cette conquête, conclut la paix avec le sultan. Le roi Jean paya 200,000 pièces d'or pour son rachat; en outre, il promit de payer le tribut annuel et de renvoyer les troupes de Vénitiens et de Catalans qu'il avait dans l'île. L'éclat de ces triomphes et les trophées remportés sur des chrétiens furent longtemps célébrés par les historiographes et les poètes arabes.

L'an 831 on vit arriver à la Mecque deux ambassadeurs de l'Inde : l'un de la part de Mahmoud, prince de Kelberdjah, apportant un présent pour le sultan, un autre pour l'émir de la Mecque. Le second ambassadeur était envoyé par le prince de Sakalah, et apportait un présent pour le sultan et un autre pour le khalif. Quelques mois après, Barsbeï reçut de la part de Schehab-ed-din, souverain de Kelberdjah, des présents chargés sur seize chameaux, avec la demande que ses envoyés fussent autorisés à faire bâtir un monastère à Jérusalem (¹). L'an 841 le roi d'Abyssinie, Naser Jakoub, fils de David, envoya au sultan un présent composé d'or, de civette et autres objets précieux. Il l'invitait à traiter favorablement les chrétiens, et à faire respecter leurs églises (²). L'an 835 plusieurs jonques chinoises débarquèrent leurs cargaisons à Djiddah, un port que l'on venait de construire et qui devint extrêmement florissant (³). L'an 839 et même quelques années avant, on aperçoit les échanges de compliments et de cadeaux en objets précieux entre le sultan d'Égypte et le souverain du Bengale (⁴). Ce prince a aboli la cérémonie de baiser la terre devant lui, coutume qui subsistait en Égypte depuis les Fatymides. C'est à Barsbeï (Boursbai) que Deguignes finit son histoire des Mamelouks (⁵), en observant qu'à mesure que nous approchons de notre temps, les historiens deviennent plus rares.

13. *Youssouf.* La médaille d'or, expliquée sous le n° 230 des *Numi Mohammedani*, est très rare et précieuse, vu que ce jeune prince ne régna, après son père Barsbeï, que trois mois.

(¹) Cf. Quatremère, tom. II, pag. 290, loc. laud.
(²) Cf. Makrizy et Quatremère, loc. laud.
(³) *Idem, ibid.*
(⁴) *Idem, ibid.*
(⁵) *Voyez* vol. V, pag. 327. *Hist. génér. des Huns*, etc.

14. *Jaquemack*. Tuteur de Youssouf et régent, Jaquemack, dès qu'il se fut fait assez de partisans, aima mieux régner pour son compte, que sous le nom d'un enfant. Fermement assis sur le trône pendant environ quinze ans, il sembla justifier son usurpation. Ses monnaies offrent des spécialités dignes d'attention par l'empreinte d'une fleur et surtout par la légende suivante : عز نصره c'est-à-dire, *que sa victoire soit illustrée*. La pièce n° 232, qui porte la date 856 de l'Hégire (1452), en donne l'exemple. On observe simultanément la même inscription sur les médailles contemporaines de la dynastie d'Osmans. Jaquemack, à l'âge de quatre-vingts ans, abdique en faveur de son fils, qui lui succède.

15. *Phakreddin Osman*. Nous n'avons rien à dire sur cet enfant souverain, dont le nom apparaît et s'éclipse dans trente jours.

16. *Inal*. La pièce brune gravée sur la planche sous le n° 233, avec une fleur, est encore plus à admirer que celles de Ismaïl, de Housseïn, de Schaaban, et de Jaquemack susmentionnées, parce que cette fleur, étant en forme de lys, semble parfaitement confirmer nos réflexions sur son origine. Voici son portrait n° 77, où l'on observe, d'un côté, la fleur de lys, et sur le revers : « *Que sa victoire soit illustrée. Forgé à Dimeschk... 858.* »

(1453 J.-C.); c'est-à-dire à la même époque que Mohammed II prit Constantinople et où le Bas-Empire rendait le dernier soupir. Cette capitale, très avantageusement située, va absorber toute la force de l'Orient.

Si les Bordgites, maîtres de l'Égypte et de la Syrie, avaient pris cette place importante, nous aurions probablement vu, jusqu'à nos jours, le peuple tcherkasse dominer en Russie et sur les bords du Gange : alors toute la politique de l'Europe aurait pris une autre tournure ! Les savants grecs réfugiés en Occident répandent partout le goût pour la littérature ancienne. Les Turcs ont ainsi rendu un service indirect à la civilisation moderne : ce que les Arabes et les guerres des Croisades ont fait d'une manière indirecte avant eux.

Le denier n° 234 est très rare et se distingue par l'ornement dans le champ : son type est bien correct. Il est en cuivre, carré : *voyez* n° 78. On y débrouille la légende autour de l'ornement : « *El-Melik-el-Aschraf Abun Nasr Inal ;* » — et de l'autre côté : « *à Kahireh l'an* 863 » (1458).

Celui du n° 235 indique l'argent extrêmement adultéré et ressemblant presque au cuivre : mais son aspect général lui assigne une place honorable dans la collection. Son image se trouve n° 79 sur nos planches. On y lit sur le champ : « *Inal,* » avec la légende : « *Sultan el-Melik-el-Aschraf, Abun Nasr.* » Au revers l'épigraphe offre : « *à Dimeschk,* » et la légende : « *Il n'y a que Dieu unique, Mohammed est son apôtre.* » Ce sultan règne huit ans et plus de deux mois.

17. *Aboulfath Ahmed.* L'originalité de la petite pièce n° 236 est d'autant plus recommandable, que ledit soudan, fils d'Isnal, fut déposé au bout de quatre mois, l'an 865 de l'Hégire (1460). Elle est en cuivre : *voyez* son portrait n° 80. On y démêle sur le revers : « *Ahmed, forgé à Mysr l'an...* 65, » c'est-à-dire 865 (1460).

18. *Choschkedem.* De Laporte se trompe en lui assignant l'origine grecque : — il devait être esclave persan : car, dans cette langue, *chosch* veut dire *bon,* et *kedem, le pied* en arabe. Les deux médailles d'or, n°s 237 et 238, bien conservées, de ce prince, méritent l'inspection : la dernière fut fabriquée un an avant la fin de son règne, qui dura six ans et six mois, jusqu'en 872 de l'Hégire (1467).

Son image est dessinée sous le n° 81, où on lit, d'un côté : « *Sultan el-Melik-ez-Zaher Abu Saïd Choschkedem, l'an* 871. » (1466.) De l'autre côté l'inscription porte : « *Il n'y a que Dieu seul, Mohammed est son apôtre, envoyé pour régir et donner la vraie religion.* »

19. *Bilbaï.* Ce Mamelouk, estropié en Balbaï par

Deguignes, ne jouit du titre de soudan d'Égypte que cinquante-six jours, et fut déposé pour sa tyrannie. Ses espèces se trouvent dans le cabinet de M. Pietraszewski, parmi les felous, qui ne sont pas encore finalement déterminés. Des lettres disséminées çà et là annoncent qu'ils étaient forgés à Iskenderich (Alexandrie).

20. *Tamarbogha*. C'est un règne de deux mois. En fait de monnaies, il appartient à la catégorie précédente.

21. *Kaitbaï*. Vers la décadence de la dynastie des Bordgites, Kaitbaï, dans l'espace de vingt-neuf ans et environ cinq mois, jette encore au loin une lumière vivace (872-901, de l'H., 1468-1496). Il lutta avec succès contre Bayezid II (Bajazet II), sultan d'Islâmboul; et quoique l'île de Chypre, après la mort du fils de Jacques de Lusignan, son tributaire, fût par trahison livrée aux Venitiens, ils promirent de payer ponctuellement l'annuité au sultan d'Égypte.

L'an 886 le roi d'Abyssinie lui faisait aussi hommage par son ambassadeur.

Les médailles d'or de Kaitbaï, n° 239, 240, 241 et 242, à cause de leur excellente conservation, sont d'une grande valeur. Nous avons déjà dit qu'il y en a une dans le musée de Paris. Dans celui de Vienne, le savant Kraft nous en offre une, de l'an 874, d'après sa version. Mais il faut avoir la foi aveugle dans cette date, foi que nous ne possédons pas. Dans les traits, qui séduisent cet orientaliste, nous ne voyons absolument que les lignes d'ornement. Les espèces en cuivre de Kaitbaï, dans le musée de M. Pietraszewski, n°s 243 et 244, que la dent du temps n'a point entamées, présentent les dates d'un façon différente que celles des autres sultans de la même race, et coïncident singulièrement avec le monnayage contemporain des princes de Mauritanie.

Ces espèces de Kaitbaï sont contemporaines de Ferdinand *le Catholique*, réputé, en Europe, comme le vengeur de notre religion, et le restaurateur de sa patrie. Effectivement, après environ sept siècles d'esclavage, sous le joug musulman et quatre siècles depuis les efforts héroïques de Cid, il a vaincu complétement les Maures dans sa patrie, en 1491 de l'ère vulgaire. Le Moslemisme gagne du terrain en Grèce, mais il en perd en Espagne : il ne peut pas serrer l'Europe à la fois de deux côtés opposés entre ses bras musculaires : car la nature fait toujours balancer les puissances. Depuis cette époque, la persécution inouïe des mauresques et des juifs commence en Espagne et partout ailleurs, excepté en Pologne, qui offre l'asile aux masses des réfugiés. Les bienfaits, cependant, de la civilisation que l'Espagne a tirés des Maures, directement et indirectement, sont incalculables : le type ineffaçable de leur influence se conserve dans le caractère de son peuple jusqu'à présent : elle déborda même au delà des Pyrénées, et inonda le midi de la France, dont la littérature naissante reproduit les couleurs mauresques.

C'est l'époque aussi des persécutions de toutes les sectes par *l'Église orthodoxe d'État,* qui oublia *la charité,* la principale vertu de notre Sauveur. La Pologne seule faisait dans ce temps, pour les réfugiés, ce que la France fait de nos jours ; mais sur une échelle plus grande, sans la moindre restriction et sans arrière-pensée.

22. *Aboussaadat Mohammed* (pour la première fois). L'histoire ne connaît pas la durée du premier règne de cet émir, proclamé sultan. Je crois qu'il dura un jour, ou quelques heures (¹).

(¹) DELAPORTE dit, pag. 159 : « Il régna l'espace de quatre ans, après lesquels les Mamelouks, ennuyés de le voir commander, le déposèrent, le tuèrent, et reconnurent à sa place Qansou. » Et plus bas, après le règne d'Algoury, nous lisons : « Mohammed-el-Naser, ayant été mis de nouveau sur le trône, régna jusqu'en 904, année où il fut dépossédé pour toujours par les Mamelouks. » Quelle bévue singulière dans un ouvrage sérieux ! Autant de paroles, autant de fautes. L'an 901 de l'Hégire, Kaitbaï cesse de régner. Mohammed proclamé, cède dans l'instant devant Khamsmieh, et puis, réinstallé sur le trône, ne règne que

23. *Khamsmieh*. Le mot arabe khamsmie signifie cinq cents. Il parait que ce Mamelouk, investi de la dignité de sultan pendant quelques jours, était un esclave sorti de l'Arabie.

24. *Aboussaadat Mohammed*, (pour la seconde fois). Au milieu des felous dans la possession de M. Pietraszewski, qui ne sont pas encore suffisamment interprétés, les traces des monnaies de ce prince se laissent apercevoir. Elles sont fabriquées à Iskenderieh.

25. *Kansou*. Les deniers du règne d'une année et huit mois de ce soudan appartiennent à la catégorie de son prédécesseur.

26. *Dgianbalath*. Je n'ai jamais vu les espèces de ce prince : son règne dépassa à peine six mois.

27. *Toumanbaï*. C'est aussi un règne éphémère de trois mois. Toumanbaï fut massacré par ses émirs.

28. *Kansou Algoury*. Quatre médailles de ce soudan, n°s 245-248, dont les deux d'or, attendu leur bon état, doivent être étudiées avec beaucoup d'intérêt. Mais Vienne les possède en quantité et ces monnaies ne sont pas rares; car Algoury régna quinze ans et six mois. C'est de son temps que les Portu-

---

deux ans et environ quatre mois. Il ne pouvait, ce me semble, être sultan après avoir été massacré. Au reste, ce serait un miracle que je ne comprends pas.

gais, vers l'an 911 de l'Hégire, se sont emparés des Indes et commencèrent à gêner d'une manière désastreuse le commerce des Égyptiens avec ce pays. Le brave Algoury, dans la bataille de Mery-Dabeck, près d'Alep, en 922 de l'Hégire, contre Selim, sultan des Ottomans, étant tombé de cheval, fut écrasé sous les pieds de sa cavalerie.

29. *Aschraf Touman-beï*. Ce nouveau sultan proclamé par les Mamelouks, environ cent jours après la bataille perdue par Algoury, battu par Selim, en Syrie, sur les plaines de Rydànyeh, pris et pendu sans cérémonie, ferme cette dynastie, et le royaume d'Égypte devient province de l'empire ottoman, l'an 923 (1517 de J.-C.). C'est un tableau rembruni de l'histoire. M. Pietraszewski n'a jamais rencontré les monnaies de ce malheureux prince.

Je ne puis prendre congé des dynasties des Mamelouks, sans faire encore quelques remarques sur leur génie et sur le destin ultérieur de leurs éléments épars.

Dans tout le cours de l'histoire universelle on ne rencontre pas un corps aussi extraordinaire que cette élite de la cavalerie orientale, qui faisait des prodiges de valeur. Les prétoriens, les affranchis et les guerriers gaulois faisaient aussi des empereurs romains, et quelquefois ces derniers remplissaient ce trône du monde de leurs compatriotes : mais cela variait et ne durait pas longtemps. On pourrait comparer les Mamelouks aux Janissaires des Ottomans et aux gardes impériales de la Russie. Mais ces corps n'étaient pas si riches (¹) et n'avaient jamais fourni des souverains à l'empire. Quant à la richesse et au luxe des armes, étincelantes d'or et d'acier, garnies de rubis, d'émeraudes, de saphirs et de turquoises, et quant à l'excellence de leurs chevaux, on pourrait les comparer avec les premiers chevaliers français et catalans du moyen âge, excepté que ceux-ci n'aspiraient aucunement à la dignité royale. Peut-être que leur caractère et leur bravoure étaient plus analogues avec la noblesse polonaise, où chaque gentilhomme d'après la constitution, s'il montrait des talents supérieurs, pouvait être proclamé roi : mais ces derniers n'étaient pas esclaves. Cependant, depuis que le trône est devenu tout à fait électif, on ne trouve, en Pologne, que quatre princes, tirés de la noblesse du pays (²), tandis que les Mamelouks en comptaient cinquante-deux. C'est que leur constitution se conservait plus dans les mœurs : elle n'était pas écrite sur le

---

(¹) Les simples soldats, faits prisonniers à la dernière expédition française en Égypte, avaient sur eux jusqu'à 300 et 500 pièces d'or.

(²) Wiszniowiecki, Sobieski, Leszczynski et Poniatowski.

papier, au milieu des débats de la diète; mais sur le pavé public ou sur les marbres des palais, avec le sang des sultans, des atabeks et des émirs.

Nonobstant la singularité de leur avénement, qui tient aux merveilles orientales, ce corps a donné à l'Égypte bien des grands souverains. Pour la plupart, ils étaient beaux et robustes, l'air martial, pleins d'audace et de hauteur, doués d'esprit et d'éloquence naturelle, semblables aux héros de l'Iliade et de l'Odyssée. Est-il question de la bravoure personnelle? Je citerais presque tous les princes baharïtes et bordgites. S'agit-il de l'ordre dans l'administration, de la puissance de l'État intérieurement et extérieurement, ou de la véritable grandeur? Je nommerai Kalaoun, Khalil, Ketboga, Naser Mohammed, Ladgin, Barkouk, Barsbeï et Kaïtbaï. Parle-t-on de la sagesse, de la piété, de l'amour de l'humanité, de la noble passion pour les lettres et les savants? Je présenterai comme les modèles de ces vertus Eïu-Bey, Bibars, Schaaban, Scheik Mahmoudi et Choschkedem. Les princes faibles, injustes et cruels y furent tout de suite déposés et punis. Il est à propos de répéter ici à ce sujet : *Plus ibi mores valent, quam alibi bonæ leges.*

On parle beaucoup de la misère du peuple, de l'enchaînement des crimes, meurtres et proscriptions, que ces deux dynasties, hommes de rapine et d'incendie, ont introduits en Égypte, enfin de leurs avanies et cruautés envers les chrétiens. L'histoire doit être juste : elle pèse à la fois le bien et le mal, et dans tous les événements elle prononce un arrêt solennel, de quel côté penche la balance. L'aristocratie anglaise, qui tient *de facto* les rênes du gouvernement du monde et opprime non-seulement son peuple, mais plus ou moins toutes les nations étrangères, n'est-elle pas les Mamelouks sur une échelle infiniment plus grande? Cependant on ne peut pas nier qu'elle produit beaucoup de bien, directement et indirectement, par ses vastes entreprises et en stimulant le monde à l'activité et à un exercice en quelque sorte gymnastique pour développer sa puissance oculte. Il faut scrupuleusement distinguer dans l'histoire la tyrannie de la force, qui renverse tout ce qui s'oppose à l'exécution de ses plans, de la tyrannie révoltante de la faiblesse.

Quant à nous, nous croyons que le bien fait par les Mamelouks compense le mal. Ils ont renversé la dynastie de Selaheddin, qui était si formidable à la chrétienté. Les provocations des Francs ne leur laissaient pas d'autre alternative que la guerre : ils observaient pourtant une grande tolérance envers les vaincus et tous leurs sujets. Les ordres évoqués par l'opinion publique, répétés sous les règnes de Naser Mohammed et Barsbeï, d'exclure du divan les chrétiens et les juifs, et de ne les plus employer comme secrétaires, font voir explicitement qu'avant ils participaient à l'administration du pays et y occupaient des places honorables. Les Croisés, vaincus, ont eu recours aux armes de la parole. Les moines enthousiastes défiaient les théologiens musulmans d'entrer en lice avec eux au sujet de la religion, en parlant avec mépris de l'islamisme et appelant Mohammed imposteur sur les places publiques du Caire. Les Mohammedans démolissaient les églises, les chrétiens incendiaient clandestinement les mosquées et les palais de leurs ennemis. Dans cette extrémité, les sultans punissaient sévèrement les coupables des deux partis : ils protégeaient les chrétiens comme plus faibles, au risque d'être lapidés eux-mêmes par la populace enragée (¹). En apparence c'étaient des Musulmans ; au fond, ils n'avaient aucune religion : c'étaient des hommes politiques. Nous voyons donc plusieurs princes de cette race régner en véritables pères du peuple, et tout cela semble confirmer l'origine chrétienne de bien d'entre eux.

Mais la principale gloire des Mamelouks consiste en ce qu'ils ont assuré la suprématie aux talents du plus fort, tiré de la condition la plus humble de

---

(¹) Voyez *Mémoire historique sur l'état du christianisme sous les deux dynasties des princes mamelouks*, par E. QUATREMÈRE, tom. II, loc. laud.

la société, dans cette révolution de presque trois siècles qui plane sur l'Égypte longtemps même après sa conquête jusqu'à nos jours, ce qui embrasse l'espace d'environ six siècles. (Pour la promotion extrême des hommes de la classe servile, nous n'avons d'exemple, parmi nous, que des papes et des évêques qui, à cet égard, sont les Mamelouks de l'Occident. La révolution française n'a fait que la propagande extensive du même principe : elle n'en a pas pris l'initiative, comme on le prétend généralement.)

Ils ont aussi fait diversion, pendant quelque temps, en faveur de ces nations civilisées qui luttèrent contre la Porte formidable, en balançant sa prépondérance. Entre les désastres de Varna (en 1444 de l'ère vulgaire), essuyés par les rois de Pologne et de Hongrie, et la prise de Constantinople (en 1453), dix années s'écoulent à peine ; tandis qu'entre l'occupation de cette capitale et la conquête de l'Égypte par Selim, les Mamelouks tcherkasses résistent encore vaillamment aux Turcs durant 65 ans. Les Bordgites même, vaincus de fait, ne furent pas subjugués : ils ont réussi à neutraliser la conquête de l'Égypte par les Ottomans, en s'emparant des vingt-quatre emplois de beks ou gouverneurs de tant de provinces, dont le cheykh-belàdat fut le premier ; et, en donnant ainsi la nouvelle dynastie des Mamelouks beiks ou ghozzes, ils se sont multipliés et perpétués en Égypte. Qu'on n'imagine pas cependant que ce sont les descendants de Barkouk, de Tatar, d'Inal ou d'autres princes régnant jadis : les neveux de ces soudans se sont éteints en quelques générations. La Tcherkassie fournissait toujours de nouveaux Mamelouks ; et c'est un bel épisode de l'histoire de son peuple, qui exalte et influe grandement sur ses succès actuels contre le colosse du Nord. Elle ne peut jamais oublier que, du sein de sa population, on tirait autrefois des rois pour les pays étrangers, et que ses esclaves ont ébranlé les trois parties du monde. De telle façon que, en continuant à gouverner l'Égypte, presque indépendante, ils ont donné le jour à Alibek, Mourad et Ibrahim qui se révoltèrent ouvertement contre la Porte. En 1798, la cavalerie mamelouke n'avait que 10,000 hommes, mollement secondée par les spahis et les fellahs, qui se battaient derrière les retranchements ; et, si elle fut vaincue par 40,000 Français, n'oublions pas que ces victoires étaient remportées par les soldats de Montenotte, de Castiglione, d'Arcole, de Rivoli et de St-George, menés au combat par le plus grand capitaine du siècle. Enfin, ils contribuèrent à la résurrection de la Grèce et portèrent longtemps sur leurs épaules le brave Mehemet-Aly. Or, nous leur devons la force d'un fragment de l'empire d'Orient contre l'empire du Nord, où peut-être repose le secret de la reconstruction de la balance européenne ; c'est ce qui se manifestait en 1840 d'une manière non équivoque (¹). En un mot, quoique la puissance des Mamelouks soit déchue, quoique leur corps n'existe

(¹) Dans la brochure précitée, *Why the Eastern question cannot be satisfactorily settled*, publiée à Londres en 1840, j'ai démontré que la puissance de la Porte, et, par conséquent, la reconstruction de la balance dépend actuellement de la prise de Constantinople par Méhémet-Aly, qui, sans l'intervention malencontreuse des quatre puissances, allait y fonder une nouvelle dynastie. Je fus heureux de remarquer que le manifeste de M. Thiers, publié simultanément, en réponse à lord Palmerston, avait le même fond, quoiqu'il fût soigneusement caché dans des phrases officielles. Dans ma position d'homme obscur, j'ai exprimé mon opinion plus nettement sur le même objet, et j'ai attiré les commentaires en sens divers des journaux anglais. La meilleure politique dans les affaires étrangères, ce me semble, est de donner sincèrement secours à nos alliés, ou, s'ils sont récalcitrants, de les intimider par la force. L'Angleterre a employé vis-à-vis de l'Égypte tour à tour l'un et l'autre système ; elle a conséquemment réussi du temps de Bonaparte et en 1840. Elle ne s'est pas trompée surtout dans la date, ou l'à-propos, comme la France en 1798 et de nos jours, en faisant des conquêtes parmi les Musulmans, au lieu d'affermir préalablement et de consolider sa puissance en Europe. Partout où les Français se font des ennemis, les Anglais gagnent des alliés fidèles. Rien n'est si favorable pour l'avenir de l'Angleterre que la lutte actuelle de la France en Algérie et dans le Maroc, où elle fait des dépenses journalières de sang et d'or, et s'affaiblit inutilement. La restauration a laissé à la nation française ce funeste héritage. *Timeo Danaos vel dona ferentes...*

plus, elle s'élève encore, semblable à l'édifice colossal en ruine qui éclipse bien des bâtiments habités et florissants. Non! je me trompe. Les Mamelouks ne sont exterminés que comme une institution ; mais leur génie à relever la grandeur, les sommités en fait de talents et de force, embrasse tout l'Orient; il brille actuellement par des exploits héroïques dans les trois héros musulmans : en Égypte, en Tcherkassie et en Algérie ; il se fait sentir dans l'âme de tous les croyants de Mohammed-le-Grand. Le trône continue chez eux à être soit électif, soit héréditaire, mais assuré toujours aux talents, et au vrai mérite. C'est sur ce fondement, jeté par Eïu-Bey, Kalaoun, Barkouk et tant d'autres, réduit en principe, que la domination et la gloire de Mehemet-Aly sont basées. Ce grand prince a élevé son fils Ibrahim et ses descendants à devenir dignes du trône et à présider peut-être aux destinées futures de l'Orient....

LA DYNASTIE DES HOULAGUIDES.

Avant la publication de M. le baron d'Ohson, ambassadeur du roi de Suède à Berlin, et fils du célèbre littérateur de Constantinople, cette dynastie des Mongols fut peu connue en Europe. Le petit-fils de Genguis-Khan Houlagou, envoyé par l'empereur Mangou-Khan pour soumettre les khalifs; lui donna naissance. Maître de Bagdad et de la Syrie, il ne voulut plus retourner en Tartarie, resta en Perse et établit sa cour à Tauriz. Les Houlaguides règnent indépendants depuis l'an 657 (1258) jusqu'en 736 de l'Hégire (1335) : ensuite le trône chancelant et le maître plus puissant, ne leur laissent pendant quelques années encore, que le vain nom de princes régnants. Ils exterminèrent la dynastie des Seljoucides d'Iconium et éprouvèrent à leur tour le même sort de la part de la dynastie des Dgioubaniens.

M. Pietraszewski nous offre trente-sept monnaies de ces monarques dans son ouvrage, dont je remarque quelques-unes frappées à Arran, à Tabryz, à Schyraz, à Azerbeydscham, à Kazvin, et à Archun; sa collection en compte quatre-vingt-sept exemplaires, parmi lesquels on en distingue cinquante-six d'argent. Elles sont toutes vraiment belles : plusieurs portent des inscriptions bilingues arabes et mongoles, avec les noms des quatre premiers khalifs et les signes de la secte des Chiites, opposée à celle des Sunnites. La pièce sous le n° 457 et deux autres, tout à fait inconnues, sont du fondateur de cette dynastie. Nous en présentons le portrait n° 82. On y aperçoit d'un côté l'inscription bien distincte : « *Kaan suprême Houlagou Khan* » avec la légende : « *frappé* à *Arran*, *l'an six cent ....un.* » C'est-à-dire 661 (1262). Le revers offre sur le champ un lièvre courant et deux légendes du Cour'ann, tant de fois répétées. C'est un denier en cuivre de grand module.

Abaka Khan n'est pas aussi bien connu dans ses espèces monnayées, et ceci relève l'intérêt de la pièce n° 458. Nous la reproduisons sur nos planches n° 83 : elle est d'argent, d'une dimension ordinaire et porte d'un côté l'inscription : « *Khaan suprême Abaka Ilchan. Que Dieu perpétue son règne.* » De l'autre côté on lit : « *Il n'y a que Dieu unique; il n'a point de compagnon. Mohammed est apôtre de Dieu.* » Il n'y a de la légende que : « *et six cent.* » Le reste est méconnaissable.

La petite monnaie en cuivre n° 84 est d'un autre prince. On y déchiffre d'un côté l'inscription suivante: « *Sultan suprême Gazan Mahmoud; que son règne et sa puissance prospère éternellement.* » Le champ de revers représente un lion, la gueule béante, la pleine lune, un astre et la légende : « *Il n'y a que Dieu... frappé à Mo...* (lisez : *Moussoul*) *l'an* 697. » (1297.) Mais la médaille d'or n° 464 de Gazan Khan, avec la légende bilingue, est encore plus rare. *Voyez* n° 85. On y lit d'un côté : « *Il n'y a que Dieu seul; Mohammed est apôtre de Dieu. frappé à Schyraz.* » — avec la légende : « *Que Dieu le bénisse.* » et quatre noms des premiers khalifs. Le revers offre dans la langue mongole : « *Gazan Mahmoud.* » accosté d'une légende : « *l'an* 698. » (1298.)

Les princes Oldschaïtou-Khan, Touga Timour Khan, Dschehan Timour Khan et Souleyman Khan, dont nous avons une quantité de médailles, ne sont pas nommés par Deguignes. Nous reproduisons la petite pièce en cuivre de ce premier prince n° 86. Voici son explication : Un lion, au-dessus duquel le soleil levant et l'épigraphe : «*Oldschaïtou sultan Mohammed. Que Dieu éternise son règne.* » De l'autre côté : « *Il n'y a que Dieu seul : Mohammed est son apôtre. Aly est vicaire de Dieu.* » Le denier d'argent n° 87 offre l'inscription suivante : « *Il est forgé pendant le règne du sultan suprême Abu Saïd Behadyr Chan. Que Dieu perpétue sa domination.* » La légende : « *l'an* 721. » (1321). Au revers : « *Il n'y a que Dieu unique : Mohammed est apôtre de Dieu.* » —avec la légende : *Omar, Osman, Aly, Abu-Bekr. frappé à Bagdad.* La monnaie blanche n° 88, d'un côté, diffère un peu de la précédente. Elle porte : « *Sultan Abu Saïd. que les bienfaits se répandent sur lui. frappé à Kazvin l'an* 724. » (1324). Le n° 89 représente le portrait d'une pièce blanche avec l'inscription d'un côté : « *Sultan le juste Suleyman Khan. Que Dieu éternise son règne.* » —avec la légende : « *frappé à Azer....* » (Azerbeydschan) « *l'an* 743. » (1342). Le revers offre l'épicycloïde à quatre lobes, avec l'épigraphe dans le cercle : « *Il n'y a que Dieu seul.* » — et dans les quatre lobes : « *Mohammed est apôtre de Dieu.* » et puis : « *frappé.. sept cent...* »

Les trois pièces n°ˢ 490, 491 et 492 ne paraissent pas appartenir à cette dynastie et resteront peut-être longtemps un problème sans solution. La lacune comblée dans la connaissance exacte des séries de ces sultans saura seule aplanir un jour cette difficulté. Lorsque notre auteur les a présentées à M. Fræhn, à Pétersbourg, pour l'inspection, ce savant lui a dit, que le célèbre orientaliste Schmitt a lu dans ces inscriptions mongoles le nom Erdvends-Khan. Plus tard, M. Pietraszewski consultait, sur ce sujet, à Berlin, le baron d'Ohson, qui connait bien la langue mongole : il rejeta la version de Fræhn et de Schmitt, et y lisait le nom Eckrindje. Je me rappelle que, pendant le faible règne de Souleyman-Khan, un individu de ce nom (Eckrindje) était grand capitaine de son armée, et dans le démembrement de son empire la possession d'une partie de Kourhistan lui tomba en partage. Si la leçon de l'ambassadeur suédois le baron d'Ohson est adoptée par les connaisseurs compétents, nous avons une nouvelle dynastie musulmane qui ne fut jamais rêvée par les orientalistes !

Nous reproduisons deux médailles d'argent très

éloquentes de cette sorte. L'une, n° 90, offre d'un côté, en langue mongole, l'épigraphe suivante : « *Eckrindje. Que Dieu perpétue son règne. frappé l'an.. 48.* » — c'est-à-dire, 748 (1347 J.-C.) — et au revers : « *Il n'y a que Dieu seul; Mohammed est apôtre de Dieu.* » Le n° 91 ne diffère guère du précédent que par la légende : « *frappé à Archun Mekheme? l'an* 750. » (1449.)

LA DYNASTIE KARA-KOJOUNLOU.

La dynastie turkomane de ce nom, c'est-à-dire, *du mouton noir*, ainsi appelée du drapeau orné de cet emblème, est tout à fait inconnue en Europe en fait de monnaies. Les Kara-Kojounlou parurent sur la scène en 806 de l'Hégire (1403) et régnèrent en maîtres absolus en Arménie et Mésopotamie jusqu'en 873 (1468). Quatre princes figuraient dans cette race.

Les deux espèces n°s 281 et 282 du sultan Iskender et de Dschihan-Schah, sont bien précieuses dans notre musée, par leur bon état et leur rareté. On en voit l'image n° 92, c'est un exemplaire d'argent. Voici ce que veut dire son inscription : « *Sultan le juste Abu Nasr Iskender. Que Dieu éternise son règne. forgé à Tabryz.* » Le revers offre : « *Il n'y*

« que Dieu seul ; Mohammed est apôtre de Dieu. » — accompagné d'une légende : « *Omar, Aly, Abubekr, Osman.* » — savoir : les noms des quatre premiers khalifs. Il est à remarquer que le symbole de *damga*, que l'on observe empreint sur leur champ, c'est-à-dire, une espèce de cachet en signe de cœur, se trouve représenté en grand sur les murs d'Islâmboul (Constantinople) et principalement à Bechïcktasch et à Bezestan.

Après avoir parcouru plusieurs dynasties musulmanes dont les médailles de la collection de M. Pietraszewski sont interprétées dans la première livraison des *Numi Mohammedani*, je voudrais bien en faire autant avec le reste de son cabinet. Ma tâche serait alors de jeter un coup d'œil historique, politique et critique sur les monnaies de cinquante dynasties orientales à peu près ; car, tel est environ l'ensemble du musée en question. Lorsque j'ai demandé à l'auteur, pourquoi ne veut-il pas continuer son travail, il m'a répondu : « On ne trouve pas facilement des princes Kotschoubey en Occident, qui se chargeraient des frais énormes, pour publier la continuation de cette entreprise, que je suis forcé d'abandonner. » Dans cette détresse, je dois maintenant me borner à l'énumération générale et superficielle du restant de sa collection, autant que la courte inspection de ce trésor me l'a permis. Je crois que la publication de deux livraisons encore, de la même dimension que la première (139 pages in-4° maj.), avec douze cents images de médailles, dont huit cents sont inédites, aurait pu conclure ce catalogue non raisonné, et donner une idée exacte de la totalité du musée, dont il s'agit. Malheureusement, l'auteur, dans sa première livraison, a fait une confusion très sensible dans l'ordre des choses, que j'ai déjà fait remarquer. Voici comment il fallait arranger tout ce catalogue, d'après l'ordre chronologique. Nous marquons en italiques, celles des dynasties, dont M. Pietraszewski a déjà interprété les coins dans son ouvrage *Numi Mohammedani fasciculus primus*.

1. Les médailles énigmatiques ou inconnues. Vingt-cinq pièces en argent et quatre-vingt-dix-huit en cuivre.

(2. LES ROIS SASSANIDES. 4 pièces d'argent.

3. LES ROIS ISPEHSID DU MAZANDERAN. 5 pièces d'argent.

4. LES PRINCES DU TOURAN. 2 pièces blanches et une brune.)

5. *Les Ommiades* (*voyez* plus haut, page 91-96).

6. Les Abbassides, depuis 132 (749) jusqu'en 658 (1258).

Trente-cinq médailles d'or, soixante-huit pièces en argent et quarante-neuf en cuivre, savoir :

Un coin en cuivre d'Abdallah, frappé l'an 133 de l'Hégire.

Mansur : à Medinetusselam, à Basrah, à Moussul, à Kinesrin ; l'an 139, 141, 2, 3, 147, 152, 3, 4, 5, 6, 7, 8. Sept pièces en or, onze blanches et onze brunes.

Mehdy : à Mohammedanieh, Abbassyeh, Kufah, Medinetusselam, Dschy, Basrah ; l'an 160, 1, 2, 3, 4, 5, 6, 7, 8, 9. Quatre pièces en or, quinze en argent et autant en cuivre.

Hady : une médaille en or.

Radschyd : à Medinetusselam, Abbasyeh, Damas, Mohammedanieh, Zerendsch, Balkh, Schasch ; l'an 171, 2, 175, 177, 8, 9, 180, 1, 2, 184, 186, 7, 8, 9. Cinq médailles en or, vingt-six d'argent et une en cuivre.

Amin : à Samarkand, Balkh, Medinetusselam ; l'an 194, 195, 196, 7. Une médaille en or et quatre blanches.

Mamun ; à Ispahan ; l'an 200. Deux pièces en or et une en argent.

Mutassem Billah : à Basrah ; l'an 223, 227. Deux médailles d'or.

Vassyk Billah : à Damas ; l'an 227. Une médaille en or.

Mutevekkil : à Damas, Mysr, Sarramanray ; l'an 233, 237, 239. Deux pièces d'or et deux d'argent.

Mustayn Billah ; l'an 245. Une pièce en argent.

Mesten Billah : l'an 254. Une médaille d'or.

Mulamed Billah : à Moussul, Kufah, Medinetusselam ; l'an 270, 276. Deux médailles en or.

Muted Billah : l'an 283. Une médaille en or.

Mukledyr Billah : à Vassyt ; l'an 307, 311, 320. Six médailles d'or et trois d'argent.

Razi Billah : à Damas et Medinetusselam ; l'an 322, 324, 325. Trois pièces en argent.

Motaffy : à Medinetusselam : l'an 329. Une pièce blanche.

Supplément : une pièce en argent et vingt-une en cuivre.

LES DYNASTIES SURGIES PENDANT LE KHALIFAT DES ABBASSIDES.

7. LES IDRISSIDES.

Idris Ier : frappé à Bada'at et Valila ; l'an 174 et 180. Deux pièces blanches et une brune.

8. LES TAHIRIDES.

Tahir II : frappé à Schasch ; l'an 243 et 246. Deux pièces en argent.

Mohammed : à Samarkand ; l'an 253. Une pièce d'argent.

9. Les Samanides : depuis l'an 261 (874), jusqu'en 389 (999).

Nous avons vingt-neuf pièces de ces princes, savoir :

Ismaïl : frappé à Schasch ; l'an 294. Une pièce blanche.

Abun Nasr Ahmed : id.; l'an 301, id.

Nasr II : à Samarkand: l'an 305. Un coin en cuivre.

Nuh Ier : id.; l'an 335 et 336. Deux pièces d'argent.

Abdulmelik : à Bokhara ; l'an 344 et 349. Trois coins en cuivre.

Mansour : id.; l'an 350, 352, 358 et 363 ; à Schasch; l'an 354-5. Cinq pièces blanches et six brunes.

Nuh II : id.; l'an 380, 385 et 387 ; à Samarkand ; l'an 369 et 370. Une pièce d'argent et quatre en cuivre.

10. *Les Fatymides (voyez* pag. 96-102).

11. Les Ommiades d'Espagne.

Abderrahman III : frappé à Zahra; l'an 344. Une pièce brune.

Mohammed : à Andaluse ; l'an 398-9. Deux pièces d'argent.

12. Les Eyleks du Turkestan : cinq pièces en cuivre, forgées à Bokhara ; l'an 400, 405 et 414.
13. Les *Mervanides* (*voyez* pag. 102).
14. Les *Seljoucides* (*voyez* pag. 103-106).
15. Les *Charismschachs* (*voyez* pag. 106).
16. Les *Ortokides de Diarbekr* (*voyez* pag. 107-110).
17. Les *Ortokides d'Ermed* et *de Keïpha* (*voyez* pag. *ib.*).
18. Les *Atabeks de Moussoul* (*voyez* pag. 110-112).
19. Les *Atabeks d'Alep* (*voyez* pag. 112).
20. Les *Atabeks Dschesireh ben Omar* (*voyez* pag. *ib.*).
21. Les *Atabeks de Sandschar* (*voyez* pag. 115).
22. Les *Atabeks d'Arbel* (*voyez* pag. 113-114).
23. Les Morabites d'Espagne, — dix pièces, savoir :
Aly, forgé l'an 508-518 et 521, trois médailles d'or et une en cuivre.
Taschefin, frappé à Almaria l'an 539, une pièce d'or.
Ishak, frappé à Malaga et Grenada, l'an 541, une médaille en or et quatre en argent.
24. *Les Normands de Sicile.* — Notre orientaliste ne possède qu'une seule pièce en cuivre très éloquente de Rodscher II. (*Voyez*, n° 493,

pag. 138, *Numi Mohammedani*.) Elle porte l'image nimbée de Jésus-Christ, frappée l'an 1132 de l'ère vulgaire. Un coin semblable se trouve chez Castiglioni, n° CCLXXXII.

25. Les Muvehides d'Afrique.

Jakub, deux pièces blanches.

Abu Zakaria Jahia, une médaille en or.

26. *Les Ayoubides de l'Égypte et de la Syrie* (*voyez* pag. 114-121).
27. *Les Ayoubides d'Alep* (*voyez* pag. 121-122).
28. *Les Ayoubides de Damas* (*voyez* pag. *ib.*).
29. *Les Ayoubides de Khelath et Miafarekin* (*voyez* pag. 122-123).

Les dynasties surgies vers ou depuis la ruine du khalifat de Bagdad.

30. *Les Mamelouks Baharites* (*voir* pag. 123-165).
31. *Les Mamelouks Tcherkasses* (*voir* pag. 165-193).
32. *Les Houlaguides* (*voyez* pag. 193-198).
33. Les Barberides, vingt pièces, dont dix en argent. Elles portent les noms de trois princes, savoir : Nasireddin Mohammed, Schah Alem II et Scringapatam.
34. Les Thouschides.

Cette dynastie commence l'an 1226 de J.-C. Le dernier de ces princes, Schahmed, régnait encore en 1502 de J.-C. Il se retira en Pologne, où il fut enfermé, en 1506, dans un château par les ordres d'Alexandre, roi de Pologne, et à la sollicitation de Mengheli Keraï, khan de Crimée. Ainsi finit l'empire de Kaptchaq. Ses démembrements, les royaumes de Casan, de Crimée et d'Astrakhan, devinrent la proie de la Russie. Batou, fondateur de cette dynastie, bâtit Saray sur les bords du Volga, qui fut leur résidence. Voici deux cent treize représentants monétaires des Thouschides, dans la collection de M. Pietraszewski :

Cinq pièces incertaines en cuivre.

Batou, cinq pièces brunes.

Togtagou-khan, une pièce en argent frappée à Saray-Mahrusseh, l'an 710 de l'Hégire.

Uzbek-khan, à Saray Mahrusseh et Saray Dschedid, l'an 722-734-736, — quatre pièces en argent et cent quatre en cuivre.

Dschani Bek, id. à Gustinan et Baridschine, l'an 742-743-745-747-752-753. Onze pièces en argent et autant en cuivre.

Birdi Bek, à Azak, Saray Dschedid et Gulistan, l'an 759. Quatre pièces blanches.

Kulna khan, id., id., l'an 758-761. Deux pièces en argent.

Nouruz Bek khan, à Gulistan l'an 761. Deux pièces en argent.

Khazar, id. à Saray Dschedid l'an 762-763-765. Trente-six coins en cuivre.

Abd-Allah, à Jeni Schehr, l'an 765. Une pièce en argent.

Pulad khan, à Ordou, l'an 773-775-777. Cinq d'argent et une en cuivre.

Tulun Bek, à Saray Dschedid l'an 776. Deux deniers bruns.

Toktamysch, id. à Azak et Ordou, l'an 782, 789 et 813. Quatre pièces d'argent et cinq brunes.

Sady Bek. Deux coins en cuivre.

Seyd Ahmed. Une pièce en argent et une en cuivre.

Tschegreh khan, à Hadschi Terghan, l'an 817. Une pièce d'argent.

35. LES DSCHELARÏDES.

Sultan Avis, frappé à Azerbeydschan et Sywas, l'an 762-763. Six pièces en argent.

Sultan Ahmed. Une pièce blanche.

36. *Les Karakojunlou* (pag. 198-199).

37. LES TIMOURIDES, depuis l'an 771 (1369) jusqu'en 913 (1507).

Timour (Tamerlan) était fondateur de cet empire des Mongols. Schaïbek, khan de Touran ou de Sibérie, dépouilla Baddiezzaman, le dernier prince du Khorazan, la seule possession des vastes conquêtes de son aïeul. Nous avons six deniers de ces monarques, savoir :

Timourlingue, frappé à Samarkand l'an 773-785. Une pièce blanche et une brune.

Schah Roh, à Bokhara l'an 832. Quatre pièces en cuivre.

38. Les Zendides. Deux médailles d'argent de Kerym et quatre en cuivre de Sadyk khan.
39. Les Sefides. Cinquante médailles, savoir :
Suleyman. Quatre pièces brunes.

Husseyn. Quatre deniers en argent et treize en cuivre.

Eschraf. Une médaille d'argent.

Tahmasp II. Une médaille en or, trois en argent et trois en cuivre.

Feth Aly. Une médaille en or, dix-neuf en argent et deux en cuivre.
40. Les Scherifs. C'est aux Oatazes qu'ils ont succédé vers l'an 1500 de l'ère vulgaire. Maroc fut leur capitale : ils y règnent jusqu'à présent. Hassan de Numidie, qui prétendait être descendant de Mohammed le prophète, s'étant enveloppé dans le manteau de la religion, détrôna le prince régnant et donna naissance à la nouvelle dynastie. Elle est menacée de nos jours par Abd-el-Kader, qui

semble marcher sur les traces de Hassan.

Nous avons sept pièces des Scherifs, savoir :

Muley Ismayl, frappé à Fass, l'an 1088, 1098, quatre médailles en or.

Muley Suleyman, trois pièces en argent.

41. Les Afschars, une pièce d'argent de Nadyr, frappé à Tebryz, l'an 1151.

42. Les Guirey Khans, dix coins en argent et huit en cuivre.

43. Les Osmanides. Cette dynastie, dans le musée de notre orientaliste, se trouve complète. Elle y compte vingt-cinq médailles en or, cent vingt-huit en argent et cent soixante-dix-sept en cuivre.

44. La pièce d'Alfonse, fils de Sanche, dont l'explication nous est donnée séparément par M. Pietraszewski, appartient à la catégorie distincte [1].

De même les monnaies portant des inscriptions arabes ou persanes en partie et frappées aussi par des chrétiens, savoir :

45. Les rois Bagratides.

Rusudan, une médaille d'argent.

---

[1] Voyez *Zeitschrift für Münz Siegel- und Wappen-Kunde* herausgegeben von Dr B. Koehne. Berlin, Posen und Bromberg, 1844, pag. 571-573.

Irakli, onze pièces en argent et quatorze en cuivre.
46. Les rois Arméniens, quatre médailles blanches et huit brunes.
47. De la Chine et du Japon, seize pièces, dont une d'argent et quinze en cuivre.

ETC., ETC.

Je crois avoir dévoilé quelques faits inconnus, soit matériels, soit moraux, qui touchent aux bases de l'histoire universelle. J'ai esquissé le génie de l'Orient dans plusieurs de ses merveilles politiques, religieuses et intellectuelles, aussi bien que leur influence à faire surgir les merveilles de l'Occident en sens varié, et tout cela grâce aux médailles du cabinet de M. Pietraszewski, qui sont la véritable clef pour l'histoire de l'Orient, sans quoi on ne saurait se mettre en confidence avec l'esprit des siècles. On pourrait encore, à l'aide de ces monuments monétaires, comme par une baguette magique, reconstruire bien des villes enchantées, dont il ne reste plus de traces aujourd'hui, et qui avaient jadis des palais, des hôtels magnifiques, des jardins et des bains superbes, et une population bruyante. Ces

Herculanum, ces Pompéï de l'Orient, qui se mirent dans les monnaies du temps, racontent bien des miracles féeriques du passé, dans cette partie du monde, où de fréquentes révolutions semblent suivre l'accélération du pouls des mortels, produite par le climat. L'éloquence des médailles musulmanes proclame aussi quelles provinces ont été jadis florissantes, représente l'image vivante de l'étendue de la domination arabe, dépeint les mœurs, les usages, la politique, les finances, le commerce, la civilisation, l'état de l'art et tant d'autres champs en friche, dignes d'être cultivés avec passion, par les archéologues, ces courageux apôtres de la vérité historique.

En général, tout ce que j'ai dit jusqu'ici du cabinet de notre orientaliste polonais, n'est que l'ombre de sa valeur. C'est la véritable histoire métallique de l'Orient durant plus de huit siècles ! Ce trésor inappréciable contient encore une foule de médailles difficiles à déchiffrer, qui ont mis au désespoir le savant Fræhn ; et puisqu'elles dévoilent les événements inconnus et les noms ignorés par tous les historiens, leur publication ne manquera pas de mettre un jour en émoi le monde scientifique. Soit pour ne pas abuser de la libéralité du prince Kotschoubey, soit par d'autres raisons, M. Pietraszewski a interrompu sa publication. Privé d'un tel guide, je n'ose pénétrer dans ce dédale ténébreux, pour ne pas éprouver une espèce de mirage, qui ne manque jamais de tromper les sens du voyageur en Orient; je me suis donc contenté d'énumérer sommairement les médailles d'autres dynasties. Pour conclure, je ne citerai que celle des Thouschides, où les khans Mongols de Kaptchaq, autrement la Horde d'Or, dont les derniers princes ne sont connus ni par Deguignes, ni par les savants du Nord. La numismatique seule peut désigner infailliblement combien il en manque. L'aversion du gouvernement russe pour tout ce qui lui rappelle son origine tatar, et la crainte qu'il a de ressusciter la mémoire de ses anciens despotes, sont autant de causes du manque d'encouragement pour les recherches de cette sorte sur les bords de la Newa et de la Moscowa. Le savant Pietraszewski en possède la collection complète, en commençant à Thouschi-khan, mort en 1226 de l'ère vulgaire, dont le fils Batou a fait la conquête de toute la Russie. Environ deux siècles et demi (depuis 1237 jusqu'en 1475) écoulés sous la domination et l'instruction Tatare, ont changé le caractère primitif de ce pays, et semé les germes de ce qu'il est à notre époque. *Ingrata nefastaque proles!...*

SUPPLÉMENT.

La note qu'on va lire nous a été communiquée à l'insertion par M. Lelewel. Nous remplissons avec bonheur le désir bienveillant de cet illustre savant, pourvu que l'on sache que ce supplément est de sa plume. Toutes les images des monnaies offertes ici sont encore tirées de la collection de notre orientaliste. *Voyez* notre onzième planche.

Le magnifique cabinet de M. Pietraszewski possède deux variantes des monnaies des Ignicoles, dont nous donnons l'image n° 93. Sur de semblables pièces il est souvent impossible de distinguer le nez de l'oreille; cependant il n'y a pas de doute que la variante offre au revers une tête tournée à droite. On voit bien que c'est un produit zoroastrique des Sassanides, détruits par les Arabes. La tête du revers est surmontée de croissant et de flammes : il paraît qu'elle est aussi accostée de deux visages, ou de deux gardiens de l'autel. La tête royale conserve par derrière et au-dessus les emblèmes sassanides. Son épigraphe est bilingue, et peut-être troislingue. Nous ne savons pas déterminer les caractères placés en face, mais derrière la tête l'épigraphe est en arabe. Passons à d'autres monnaies.

En 1080, l'Arménie étant conquise par les Musulmans, un valeureux capitaine nommé Reuben pénétra en Cicilie, et avec des émigrés arméniens y fonda un royaume, une dynastie reubénite ou roubénite, qui dura jusqu'à 1374.

A peu d'exceptions près, on peut regarder, dit le savant Arménien Borrell, comme rares les monnaies arméniennes de cette époque. Dans une lettre adressée, le 10 septembre 1845, au supérieur du couvent arménien de St-Lazare, à Venise (*Revue numismatique*, publiée par Cartier et De la Saussaye, tom. VI, pag. 451), il renverse l'opinion de Sestini et restitue les monnaies arméniennes à double figure à Hethoum et Zabel, sa femme. Le savant Arménien ne savait pas qu'un académicien de Pétersbourg, Brosset, l'a devancé dans cette opinion, dans sa *Monographie des monnaies arméniennes*, publiée à Pétersbourg, 1839, in-4° :

Je pense, dit Brosset (pag. 26), en parlant de Hethoum et Zabel, que c'est cette princesse, qui est figurée sur nos monnaies n°s 8 et 9, concurremment avec le roi son époux. En effet, comme

Hethoum tenait ses droits au trône uniquement de sa femme, il était naturel qu'il lui accordât les honneurs d'être placée en effigie sur les monnaies. Nous donnons le dessin de cette pièce curieuse, n° 94, en observant qu'elle offre la surabondance de lettres notifiées par le n° 9 de la publication de Brosset, mais d'une autre manière.

Le coin de cette pièce distingue admirablement la figure féminine de Zabel, qui provoqua une longue discussion du savant Borrell. Du côté des deux figures la légende porte en arménien : *puissance de Dieu*, et de l'autre côté, autour du lion : *frappée dans la ville de Sis*.

Une autre monnaie arménienne, gravée sur nos planches n° 95, offre autour du roi à cheval : *Levon roi d'Arménie*, et de l'autre côté autour du lion : *frappée dans la ville de Sis*. M. Borrell a publié deux pièces à ce type; une, n° 6, de Léon avec une légende fautive, ne sachant se déterminer auquel des quatre Léon il faut l'attribuer ; — l'autre, n° 17, sur laquelle il croit déchiffrer le nom du roi Ochin, mort 1320. L'identité du type rapporterait donc notre pièce à Léon IV (1305-1308), ou Léon III (1269-1289). La fleur de lys au bout du sceptre en guise de panache, confirme d'autant plus cette attribution, la fleur de lys ne se trouvant pas dans la monnaie plus ancienne des Roubenites. La fabrication de notre pièce est belle, douce et finie, les légendes royales sans erreur. Elle est aussi intéressante comme surfrappée, où le coin roubenit n'était pas assez fort pour effacer le coin musulman. Il serait curieux de déterminer quelle dynastie mohammédane a fournie ce flan au roi Léon : à cet effet il en reste assez de l'empreinte antérieure.

Il y a trente ans, Fræhn publia une monographie numismatique sur les plus anciennes monnaies boulghares (*C. M. Fræhnii Rostochiensis de numorum bulgaricorum fortasse antiquissimo.* — libri duo Casani 1816 in-4). — Il traitait alors l'objet absolument étranger à toutes les collections numismatiques. La Boulgharie, située sur les rives du Volga, sur le sol de la Sibérie, n'était pas exploitée par la science. Aussi ses monuments monétaires sont d'une rareté excessive. Des pièces semblables à celle que l'on voit sur notre planche n° 96 furent frappées vers l'an 700 de l'Hégire (1300 de notre ère). On y remarque d'un côté un pentagone ayant au centre un *tamga*, signe, et dans ses angles d'autres marques. De l'autre côté l'épigraphe porte la valeur de la monnaie : *Boulghare poul.*

Les Touschides. Voyez n° 97, où on lit d'un côté : *Sultan suprême Ghaïasseddunia veddin, le juste,* et dans la troisième ligne en caractère mongol *Uzbeikhan.* Au revers : *frappée dans la bénite* (sous-entendu Saraï, capitale des Uzbeis) l'année 715 (1315).

La monnaie bilingue à cette époque est fertile pour la numismatique mohammedane. L'apostolat des cultes dans ce temps n'était pas sauvage; aussi la monnaie atteste une sorte de fraternisation. Vers 1180 Manouel frappant en commun une monnaie avec Emadeddin, dans son épigraphe qualifie Mohammed de roi. (*Adleri museum Kuf.* t. II, n° 116).

On réfère au nombre d'une pareille alliance une monnaie à l'inscription mongole et de l'autre côté arabe, où l'on trouve : *au nom du père, du fils et du saint esprit de Dieu unique.* (*Adler,* l. c. n° 115, *Tyschen,* introd., pag. 100, 142.)

Les Mongoux n'abandonnant pas leur culte buddhiste, témoignaient tout le respect au culte mohammedan. Leur monnaie était, au nom du prophète, chargée souvent des noms des premiers khalifs : il n'y avait que les noms propres des khans inscrits en caractères mongoux.

L'accouplement des langues démontrait aussi à cette époque la sujétion ou le joug imposé par les vainqueurs. Les monnaies de Géorgie, de deux Arménies, offre cette marque de sujétion sur les inscriptions arabes. Les monnaies russes portaient aussi les épigraphes arabes, signes du joug d'esclavage.

Le n° 98 en tête de médaille offre : *Sultan Mohammed Uzbeikhan*, au revers de même que sur la précédente, *frappée à Saraï, en* 722 (1322).

La pièce n° 99 porte la même inscription de nom du sultan et de l'autre côté l'épigraphe ordinaire à la doctrine du prophète. Sur la marge du carré on lit *l'an* 734 (1334).

Le n° 100 est une variété de la précédente.

La monnaie musulmane de cette époque fut belle et garnie de petits ornements : le burin de l'artiste est net, pur et certain. Pour la beauté de l'art elle ne cédait à aucune monnaie contemporaine en Europe, pas même à celle des Pays-Bas belges, si renommée par son élégance. Mais les graveurs musulmans, décorant leur maigre sujet réduit aux lettres, tournèrent leurs efforts à donner de l'élégance à ces lettres dans leur configuration. De là les épigraphes dégénéraient en une espèce d'arabesques et embrouillaient singulièrement la lecture.

Les Dschelarides ou Ilkans. Cette dynastie mongole dominait dans Adherbidjan et Irak. Leurs monnaies intéressantes, quoique indiquées par Castiglioni et Marsden, ne sont pas suffisamment connues. Leur rareté augmente les obstacles à les étudier. Nous présentons au lecteur trois exemples.

Le n° 101 porte d'un côté l'épigraphe ordinaire de la doctrine du prophète, entourée des noms des quatre premiers khalifs. L'autre épigraphe veut dire : *le grand sultan Elaeddunïa veddin, que le Dieu éternise son empire, frappée à Adherbidjan* 762 (1360).

Sur le n° 102 se trouvent les mêmes inscriptions, avec la seule différence, qu'au milieu on voit un *tamga*. Le titre d'*Elaeddunia veddin* appartient au Scheikh Oveis. De même le n° 103 nous offre les épigraphes du même Scherif; mais le nom du lieu où cette monnaie avait été battue lui donne, je crois, une grande importance. Cet hôtel semble être dans la ville de Sivas du Roum, anciennement Sebaste de Cappadoce. Les Seljouks d'Ikonium avaient antérieurement leur atelier monétaire dans cette ville; au temps d'Oveis elle était en possession des Turcs.

Nous donnons un exemple des Ottomans n° 104. On y lit d'un côté : *Sultan Mohammed, fils d'Ibrahim khan, que la gloire de sa victoire soit augmentée, frappée à Tunis, l'an* 1068 (1657). *L'or splendide marqua le puissant, toujours victorieux par terre et par mer.* C'est une monnaie connue (*Tyschen*, introd., pag. 181), mais peu commune, exemplaire à fleur de coin.

Le n° 105 représente un monument monétaire extraordinaire. On y déchiffre : *la gloire et le bonheur secondent quand on combat pour Dieu.* C'est une bractéate. D'après toute la probabilité c'est un talisman. Nous ne savons pas si l'on a observé quelque chose d'analogue dans la numismatique musulmane jusqu'ici.

FIN.

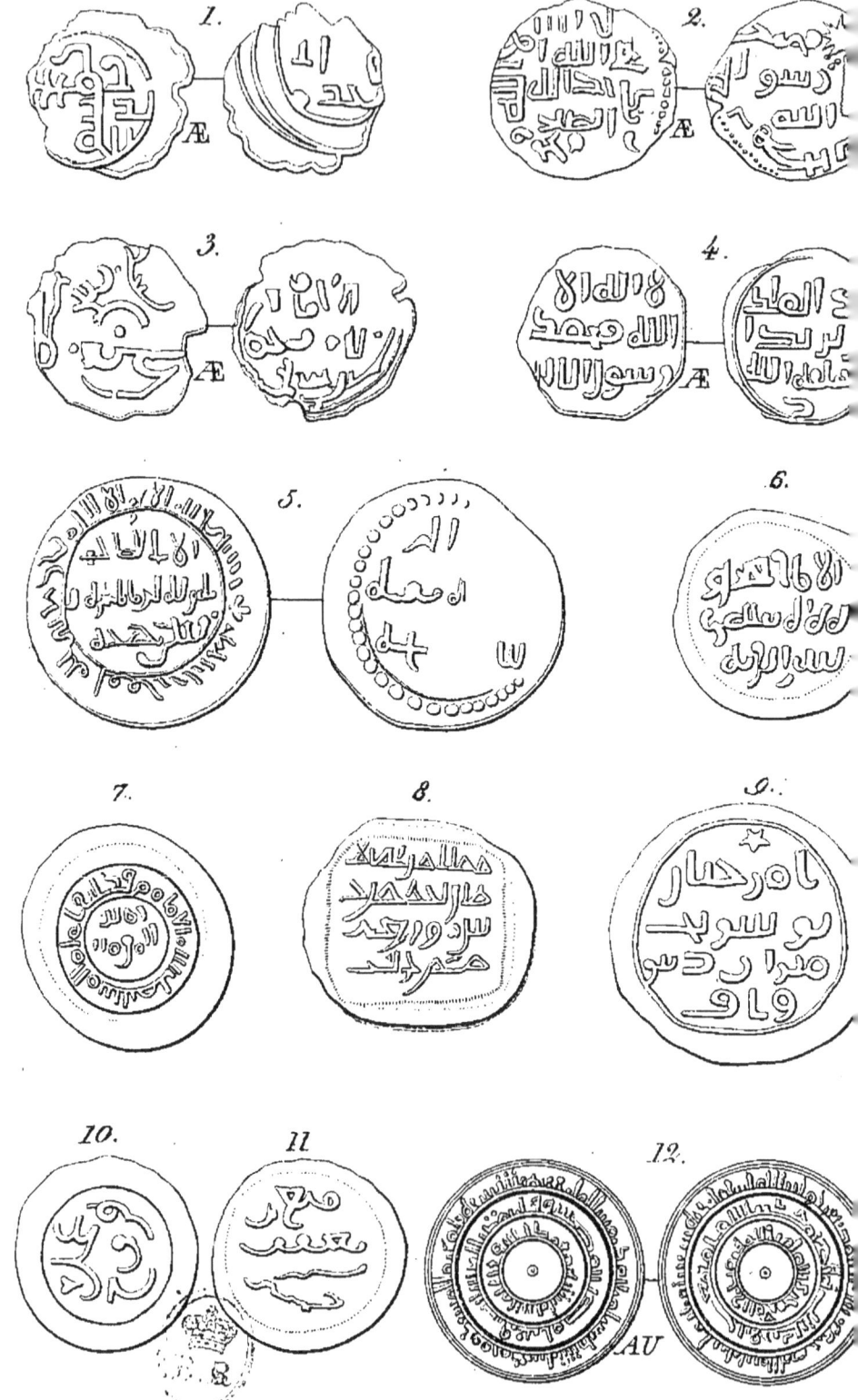

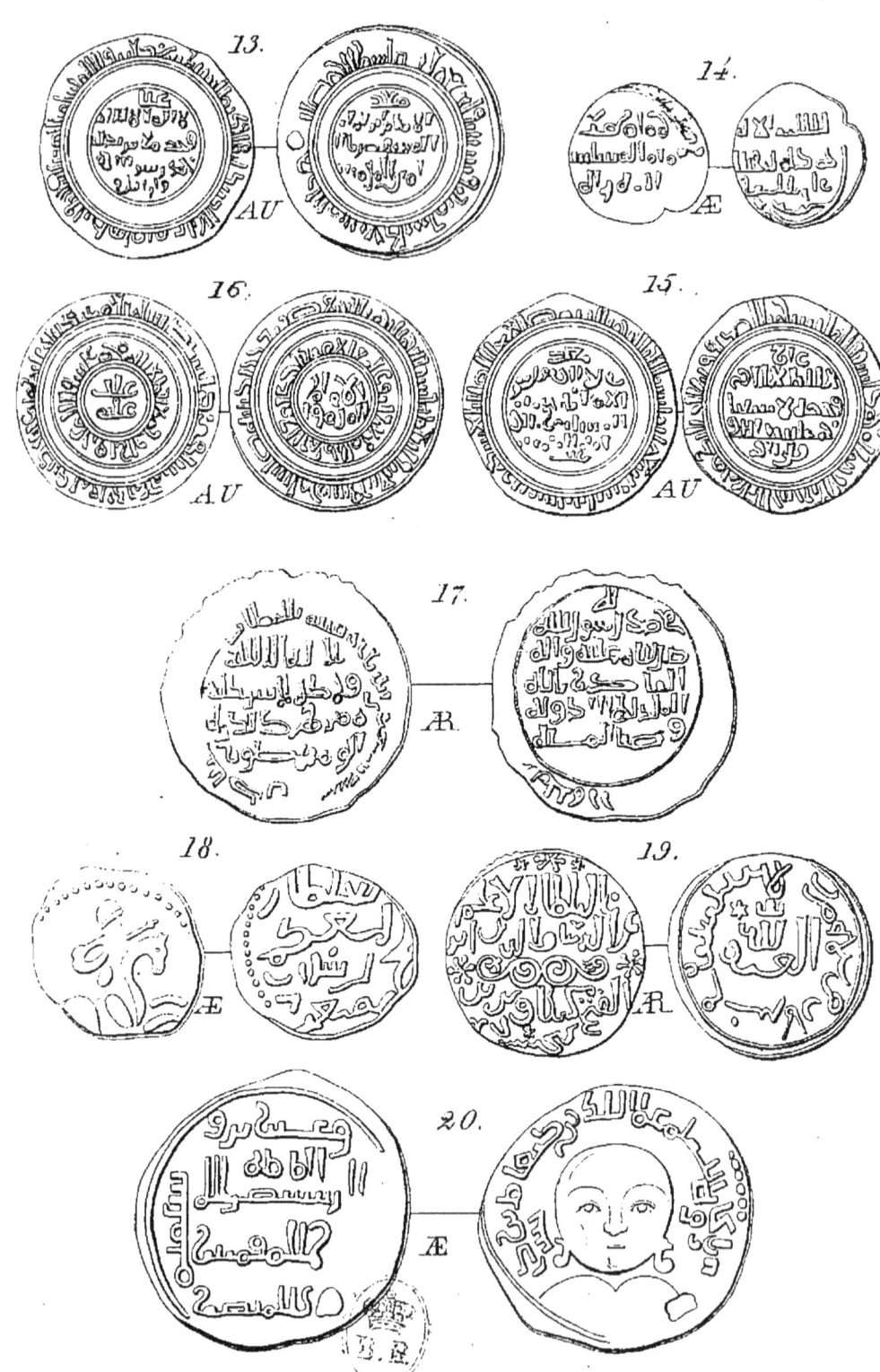

Pl. 2.

Pl. 4.

Pl. 5

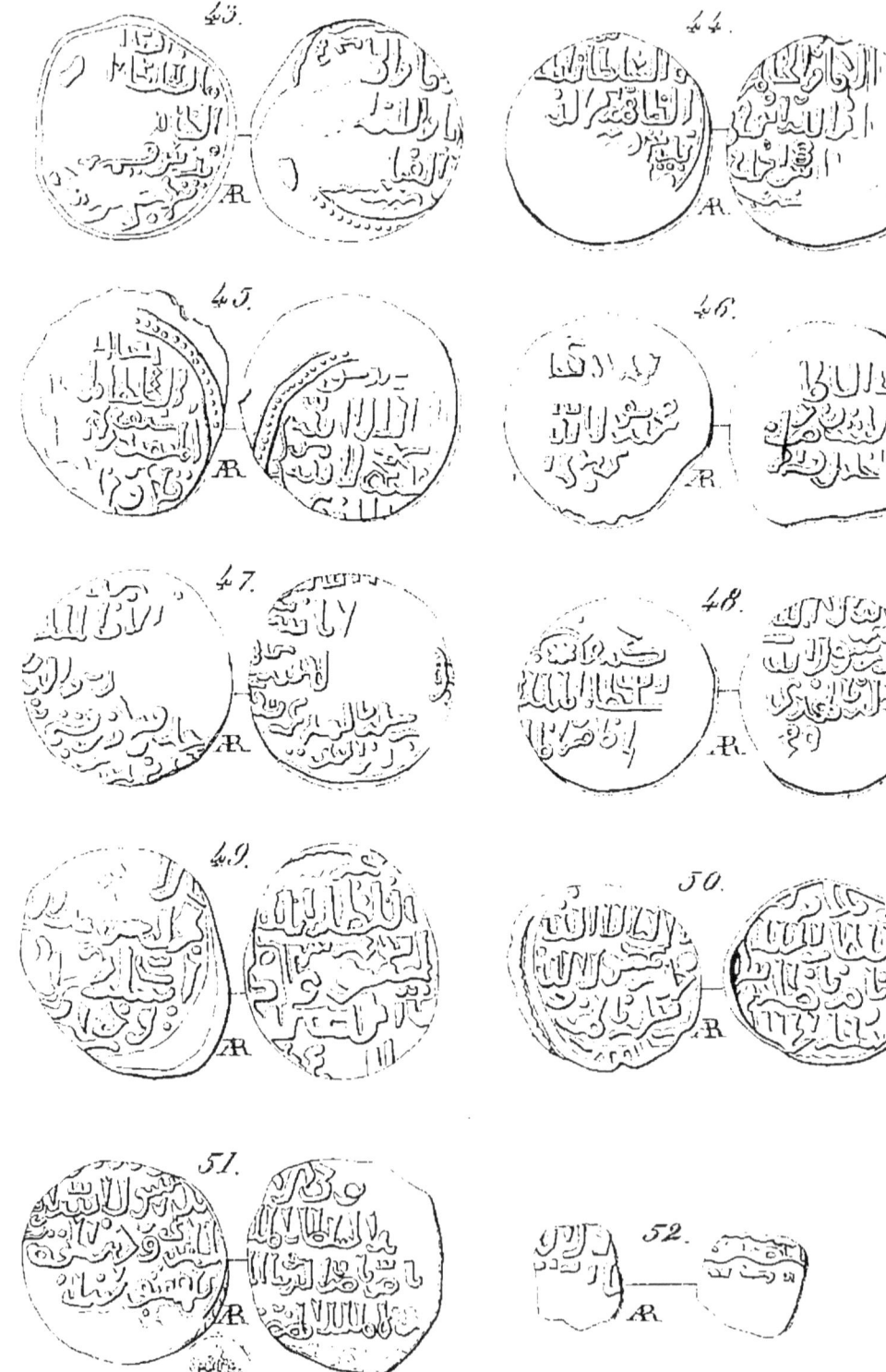

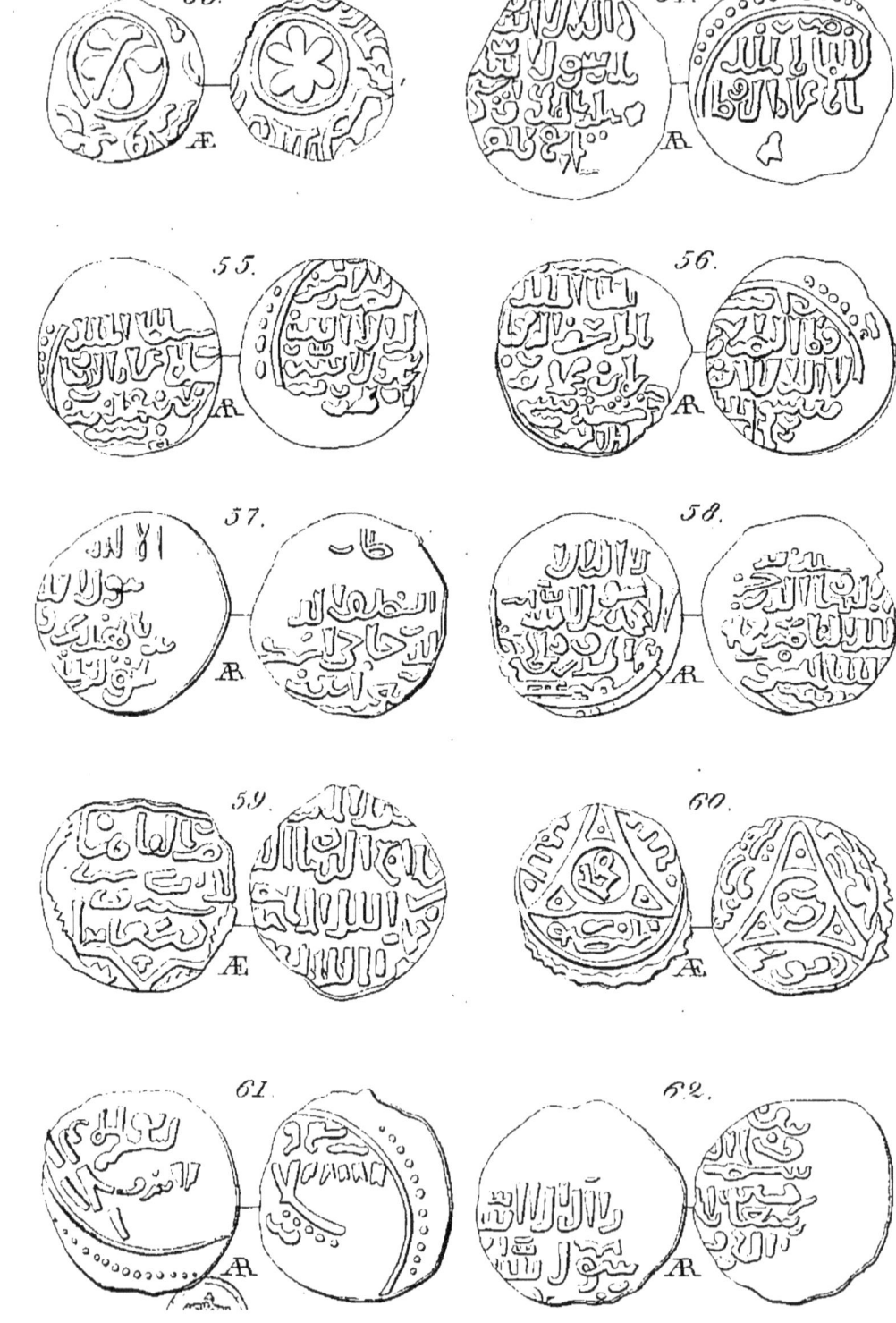

P

80.

Æ

81.

AU

82.

Æ

83.

AR

84.

Æ

85.

AU

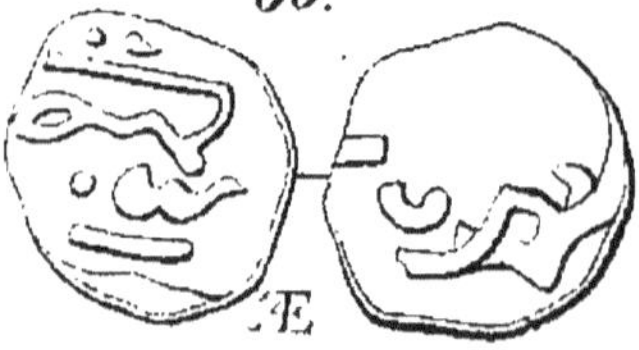

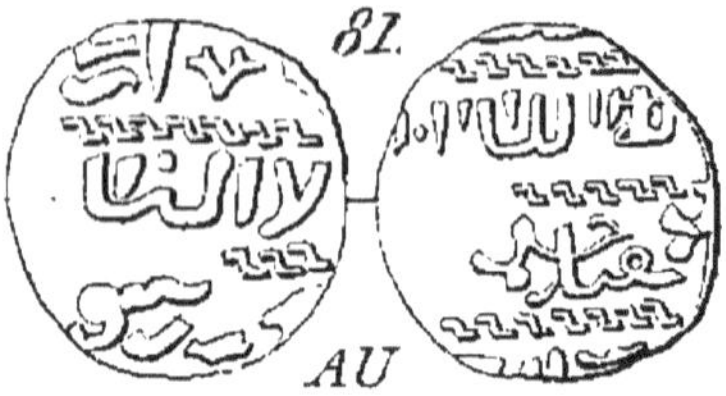

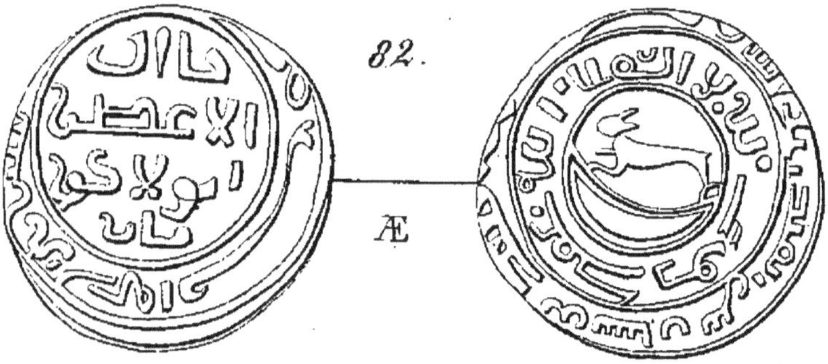

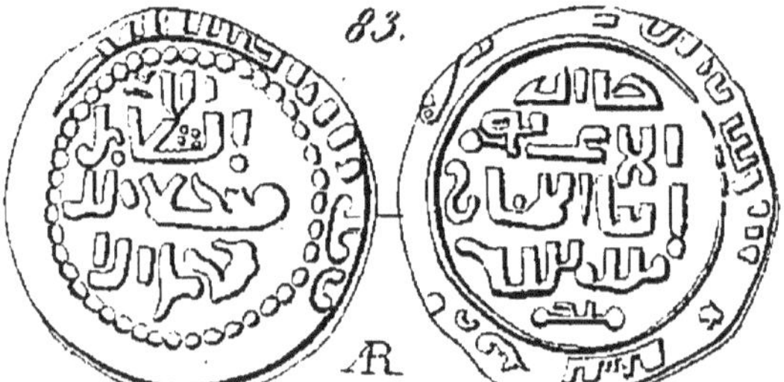

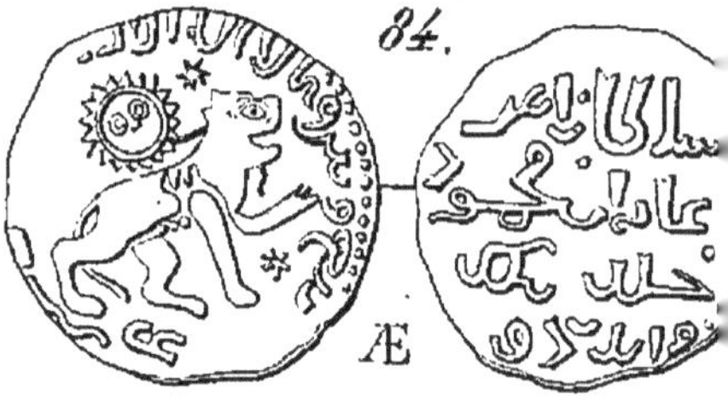

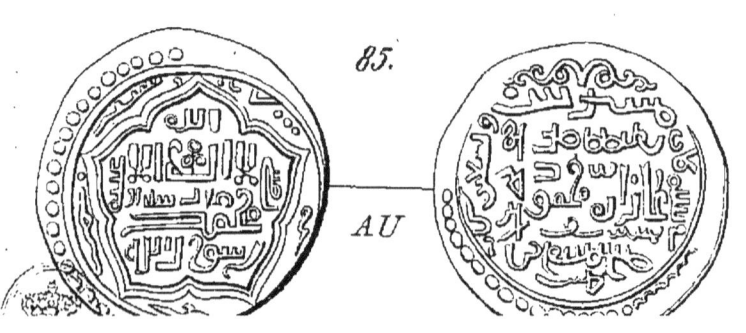

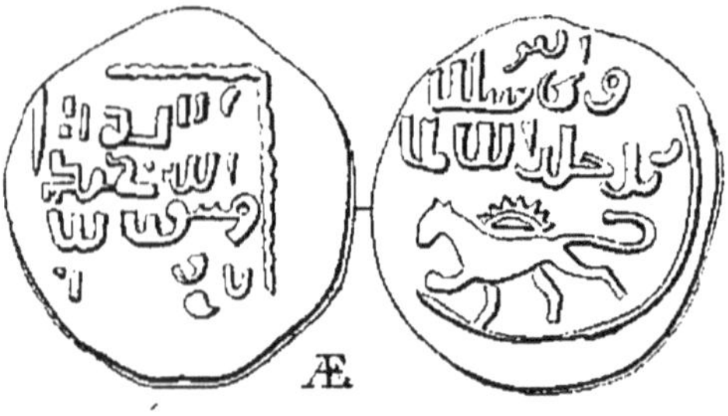

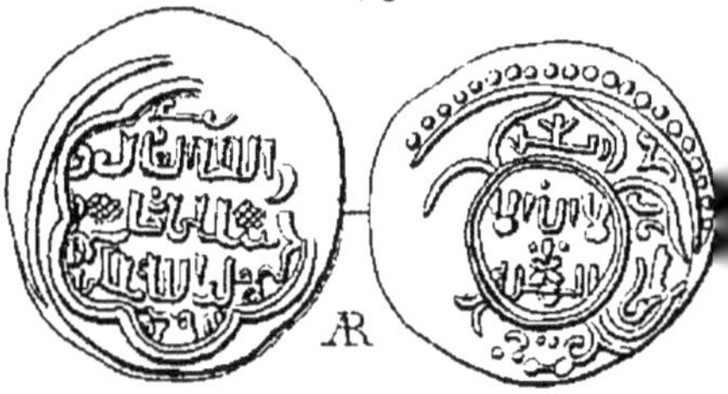

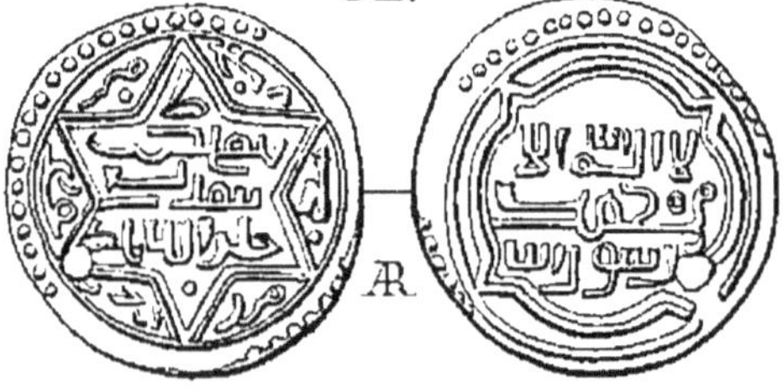

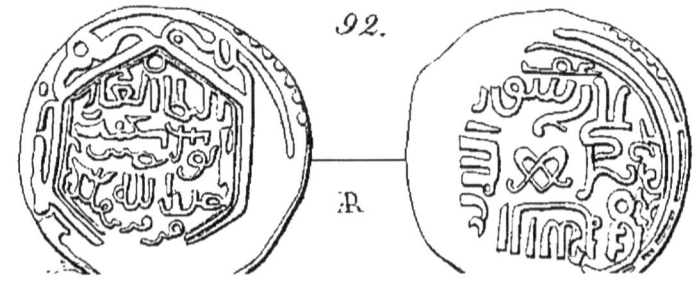

Pl.II.

www.ingramcontent.com/pod-product-compliance
Lightning Source LLC
Chambersburg PA
CBHW070527170426
43200CB00011B/2354